Les
Esprits
Libres

Jean-Pierre ROCHE

Les Esprits Libres

6ème République écologique et Revenu Citoyen

La politique, c'est l'art d'organiser la cité
Supprimons l'élection présidentielle

L'Harmattan

© 2022, L'Harmattan
5-7, rue de l'École-Polytechnique – 75005 Paris
www.editions-harmattan.fr
ISBN : 978-2-343- 25534-7
EAN : 9782343255347

*En souvenir de Marie-José,
à Dominique,
aux Esprits Libres.*

Anagramme

de

LA VÉRITÉ :

RELATIVE

- Préface **Invitation au voyage**

Lorsque les Esprits Libres croisent quelqu'un de gauche, ils font un pas à droite, lorsqu'ils croisent quelqu'un de droite, ils font deux pas à gauche. Preuve que nous sommes sans tristes, que l'humour est une arme politique et que nous pratiquons le libertinage politique et existentiel. Voyage libertaire, signe que nous volons de nos propres zèles depuis que le barbu nous a lâché la grappe de ses lendemains qui chiantent : « *Heureux qui communiste a fait un beau voyage.* »
« *Le bonheur n'est pas une gare atteinte un jour, c'est une façon de voyager.* » Passons aux vendanges de l'amour et à ses maints tenants comme il vaut mieux boire le vin d'ici que l'au-delà. Nous voilà bien armés sachant qu'un coude levé, comme un coup de désir, n'abolira jamais le bazar. Preuve que les Esprits Libres boivent moins mais mieux que les situationnistes.
*« Un coup de dés n'abolira jamais le hasard. » S. Mallarmé
Les Esprits Libres, existentialistes de l'art vécu, sont écologistes, mais sont-ils verts ? Oui ils sont verts, et même bien verts à tout âge et prétendent au libertinage.

Crise d'abord existentielle et les belles idées écologistes et démocrates pour surmonter les crises mondiales existentielles, écologiques, démocratiques, économiques, sociales, sanitaires n'auront pas d'effets probants si nous ne mettons pas en place **une culture, des institutions et une fiscalité** nous offrant un cadre permettant d'exprimer et de hisser ces idées au pouvoir.
Faire de sa vie une œuvre d'art et faire de la cité et de la *res publica* le cadre le plus propice à **l'art vécu** et au **Bien Vivre** existentialiste, libertaire, humaniste et écologique, la cité d'art, dare-dare, et d'amour tant qu'il est en corps temps.
Les Esprits Libres et les Salons des Esprits Libres s'inscrivent dans la lignée des salons libertins prérévolutionnaires politiques et culturels du XVIIIème siècle. Sortons de la servitude volontaire, arpentons les chemins de la liberté. Politique de l'amour de l'humanité, amour de la politique, art d'organiser la cité, introduction existentialiste à la **philosophie de l'art vécu et de l'art politique**, manifeste des Esprits Libres.

Que faire et comment ?

Introduction à la dialectique d'ensemble
Les Esprits Libres s'appuient sur la **créativité** et la culture, l'art politique, le libertinage politique, la démocratie vivante, l'économie mixte et distributive avec marché, la croissance-décroissance organisées par une fiscalité d'utilité publique, la biodiversité, la sobriété énergétique, les renouvelables, un partage du travail et une réduction du temps de travail, la légalisation contrôlée, le développement des communs, l'universalisme républicain, la liberté, l'égalité, la fraternité, la parité et la laïcité effectives.
La fiscalité est l'instrument de transformation de la société pourvu que les **conditions institutionnelles démocratiques** permettent sa mise en œuvre.

Quelle décarbonation, quelle transition écologique, quelle croissance-décroissance ?
Notre monde productiviste de croissance, de centralité du travail, de progrès, de techniques, de vitesse et de compétition, de consumérisme, de gaspillage, d'impérialisme et de monopolisme, de recherche outrancière du profit, de transhumanisme et de surpeuplement, développe changement climatique, misère, inégalités, violence, aliénation et exploitation, travail aliénant et assistanat, oppression et iniquité, pollution généralisée, pillage des ressources et milieux, déforestation…

Il convient de baisser les émissions mondiales de gaz à effet de serre de 7 % par an pour un réchauffement climatique de 1,5°C., d'**en rester au niveau des émissions de l'année 2020 lors des confinements, au bilan.** Virus plus capable que nous de réduire les émissions qui progressent de 1,5 % par an, 8,5 % de trop, et qui nous mènent vers un réchauffement de plus de 3 °C.
Avec deux tiers de la faune sauvage supprimés, en moins de 60 ans à cause de l'agriculture productiviste et avec l'effet de serre et le réchauffement climatique, notre anthropocène constitue un crime contre l'humanité, un écocide.
Ne comptons pas outre mesure sur un virus permanent nous imposant de limiter nos émissions.

Il reste un espace possible, le programme des Esprits Libres, permettant effectivement de mettre en œuvre les idées écologistes pour nous ramener à la raison.

Pour réagir, il s'agit de découpler émissions et productions. Réduire les émissions de gaz à effet de serre à partir des solutions technologiques bas carbone déjà en place :
- fin de l'agriculture intensive, agriculture durable, réduction des élevages bovins, interdiction de l'élevage en batterie, alimentation bio, fin du gaspillage alimentaire, productions relocalisées, commerce de proximité, ventes en vrac, consignes, indépendance alimentaire, haies, reforestation…
- fiscalité énergétique d'utilité publique, hausse du prix du carbone, fin des emballages plastiques, fin de l'obsolescence des produits industriels, recyclage généralisé, réparation, consignes, légalisation contrôlée de la publicité et des technologies, des drogues, de la santé, des consommations médicamenteuses…
- politique de réduction démographique, d'éducation et d'émancipation, en particulier des femmes, de répartition équitable des richesses, de réduction et de partage du travail, de télétravail, de réduction des inégalités, de légalisation contrôlée de l'immigration, de paix…
- isolation des logements, durcissement des normes sur la construction, urbanisme rapprochant domicile et activités, développement des transports en commun et des bicyclettes, réduction des déplacements…
Autant dire en finir avec le capitalisme, financier en particulier, et l'économie et la société DE marché et opter pour un éco-social-existentialisme libéral et libertaire d'économie et de société AVEC marché.

Passer de l'anthropocène à l'héliocène, âge du soleil nous permettant de récupérer ses diffusions qui couvrent 5 000 fois nos besoins énergétiques, de récupérer aussi l'énergie du vent, de l'eau, marées et courants, des arbres, plantes et forêts, de l'atome et du nucléaire maitrisé, pacifié si sans déchets. Énergie en temps réel tournant le dos à l'exploitation de la lumière du temps passé contenue dans les résidus végétaux devenus pétrole ou charbon. Michael Marder, le philosophe, alerte :

« Nous réanimons des dépouilles végétales et nous les forçons à abimer l'atmosphère produite par les plantes vivantes. »

Par où commencer ?
À l'heure où l'homme s'avère criminel prédateur des espèces et de sa propre humanité, les programmes écologiques sont plutôt adaptés pour la transition écologique. Mais comment les hisser au pouvoir et les voir s'appliquer ?
Inutile d'ajouter de nouveaux constats. Ceux du GIEC, Groupe d'experts intergouvernemental sur l'évolution du climat, et de multiples organismes et associations sont éloquents, comme le sont les taux d'abstentions aux élections et les révoltes sociales montantes. Inutile d'ajouter des idées aux programmes déjà très fournis des écologistes et démocrates, cela reviendrait à donner une belle bicyclette à un poisson.

Nous reprenons, en esprits libres, les idées écologistes comme nous sommes plus partageux que les communistes. Mais l'enfer est pavé de bonnes intentions et d'excellentes étiquettes. L'écologie isolée de la culture, des institutions et de la fiscalité est une impasse. Rien ne sert de s'indigner, considérons la colère en affect négatif.
Plutôt que d'écrire un énième pamphlet écologique ou de crier à la fin du monde, voyons ici les **moyens institutionnels et fiscaux** nécessaires pour atteindre ces objectifs.
Est libéral celui qui accepte de mettre en place l'égalité effective des chances entre un enfant de très riche et un enfant de très pauvre… Vaste programme… Est libéral celui qui non seulement récuse le riche héritage mais crée un héritage égal pour chacun, un Revenu Citoyen doublé d'une offre culturelle et sociale considérable comblant déficits culturels, éducatifs et sanitaires.

Dans la dialectique politique entre citoyens, institutions, marché et propriété privée, la démocratie détermine les secteurs de légalisation contrôlée comme celui de gestion des communs et les formes de gestion collective et sociale appropriées afin d'engager les transitions existentielles de primauté de l'être et écologiques nous sortant du tout marché productiviste capitaliste et du matérialisme collectiviste productiviste également.

L'émancipation individuelle s'appuie sur l'émancipation collective et inversement, pratique libertaire du pouvoir.

S'il s'agit bien de rompre avec le capitalisme, ce n'est pas avec le marxisme, la lutte des classes, le socialisme, matérialistes et productivistes, que nous le voulons et que nous le pourrions. Ni avec le seul écologisme qui peut et doit appartenir à tous les bords. C'est avec l'art vécu et l'art politique, avec l'existentialisme absorbant l'écologisme, l'humanisme, le socialisme libéral et libertaire que nous dépasserons capitalisme et productivismes.

Deux ruptures s'imposent dans le sens des communs.
La première rupture avec le capitalisme impose la mise en place d'un **système de représentation démocratique** réformant en profondeur l'actuel système de représentation inique, ce sans jeter le bébé démocratique et libéral avec l'eau du bain.
La deuxième rupture consiste à introduire un élément de démocratie économique dans la démocratie politique par la mise en place d'un **Revenu Citoyen**. Remplacement de la valeur travail par celle de créativité, partage et diminution drastiques du travail rompant avec le productivisme et passage d'une économie et d'une société DE marché à une économie et une société AVEC marché.
Ces deux ruptures démocratiques ouvrent la voie, l'espace de l'émancipation sociale existentielle et de la transition écologique. Va alors pour la remise en cause du propriétarisme et du capitalisme, pour une gestion des services publics en tant que communs, pour la fiscalité d'utilité publique favorisant fiscalement d'autres manières de produire et de consommer dans un cadre décentralisé et fédératif, à l'avantage des formes coopératives et de l'économie sociale et solidaire, à l'avantage de la créativité et de la recherche. Va vers l'émancipation effective de travailleurs devenus créatifs cessant d'être principalement des travailleurs en devenant créateurs et citoyens à part entière. Va pour la société d'art et de culture. Va pour l'européisation fédéraliste de notre expérience. Va pour sa mondialisation vers un nouvel ordre mondial commun et émancipateur de fédérations de pays autour des communs mondiaux de notre humanité.

Établissons **la démocratie vivante** pour sortir de cette monarchie présidentialiste française. Dépassons la vulgate écologique dans **une vision et un projet de société existentiels d'art vécu et d'art politique**.
Les Esprits Libres adoptent la **créativité** comme axe moteur central organisateur de la société. Le travail lui cède cette place prépondérante et avec lui se délitent les doctrines et pratiques productivistes morbides du capitalisme comme du socialisme.
Revenu Citoyen, fiscalité d'utilité publique et légalisation contrôlée permettent cette transition du travail à la créativité et celle de l'économie et de la société DE marché à l'économie et à la société AVEC marché. Ils permettent le partage et la réduction drastique du travail et la fin du chômage.
Ils introduisent l'élément de démocratie économique rendant possible la démocratie politique afin d'obtenir une démocratie vivante représentative et délibérative. Représentative avec un nouveau mode de scrutin associant la parité, la proportionnelle dominante et le fait majoritaire. Délibérative avec le bicamérisme et le tirage au sort des Conseils citoyens à tous les échelons.
La Convention citoyenne climat prouve que le simple processus de démocratie vivante produit une politique raisonnable.

Dialectique et conséquencialisme
Pas de lutte conséquente contre le terrorisme sans légalisation contrôlée. Voyoucratie et terrorisme sont liés, l'argent du trafic clandestin est la première ressource des réseaux terroristes.
Pas de légalisation contrôlée sans R.C. car l'économie des quartiers sensibles tient par l'économie souterraine et seul le R.C. peut prendre le relai sans crise sociale et économique.
Pas de citoyenneté et de reconnaissance de l'État dans son action sans R.C éradiquant la misère, supprimant l'assistanat, signe d'un libéralisme authentique d'égalité effective des chances, d'éducation, de culture et de santé privilégiées.
Pas d'extinction du chômage sans partage du travail et pas de partage possible du travail sans R.C. permettant de maintenir les revenus en réduisant le travail sans augmenter le tarif horaire, sans mettre en difficulté les entreprises.
Pas de lutte contre les épidémies sans lutte contre la déforestation qui disperse les espèces et propage les virus.

Pas de reforestation sans lutte contre l'agriculture et l'élevage productivistes, sans R.C. revalorisant les revenus paysans et tampon sécurité en cas d'arrêt brusque de l'activité individuelle, chômage, accident, maladie, épidémie, catastrophe, attentat, inondation, incendie.... Pas de démocratie politique sans démocratie économique, sans fin de l'assistanat. Pas de fin de l'assistanat sans R.C. et sans fiscalité d'utilité publique. Pas de démocratie politique sans fin de la monarchie. Pas d'institutions nouvelles sans représentation large équitable, sans gouvernabilité et sans introduire tirage au sort, délibération et représentation des votes blancs. Pas d'indépendance et de souveraineté sans un noyau fédéral européen fort unifié fiscalement et politiquement pour tenir tête dans le concert international et face aux multinationales. **Noyau fédéral interne à l'Union européenne ayant son propre Parlement** et dégagé du fardeau de l'unanimité. Rien sans émancipation des étiquettes droite et gauche mais affirmation de valeurs de gauche, laïques, socialistes, fédéralistes, libérales et libertaires face au communautarisme, au cléricalisme, au populisme et au néo-libéralisme de l'économie et la société DE marché. Rien sans dépassement du capitalisme et du socialisme productivistes, sans libertinage politique et existentiel, sans art vécu et sans art politique, sans être des Esprits Libres.

L'écologie ne suffit pas, soyons existentialistes, Esprits Libres, pratiquons l'art vécu et l'art politique, le Bien Vivre.
« *Imposture de l'écologie : Elle s'inscrit dans une logique de marché, où l'angélisme des bonnes intentions va de pair avec la cupidité du commerce. Pourquoi l'exploitation d'énergies renouvelables se soucierait-elle d'éradiquer l'antiphysis, la dénaturation des comportements individuels et collectifs ?* » Raoul Vaneigem, Propos de table, Dialogue entre vie et corps.

À partir de la créativité et de la beauté, motrices de la société, changeons nos concepts de vie, pour la primauté de l'être sur l'avoir, la technique, l'image et le paraître, pour la spiritualité civile et laïque, pour la 6ème République laïque, sociale et citoyenne. Soyons des Esprits Libres.

Libres, il nous faudra l'être quand, abordant les institutions, nous devrons comprendre que **la 5ème République n'est pas une démocratie** et que les « valeurs de la République » sont en contradiction avec celles de la 5ème République. L'être pour refuser les référendums et l'élection monarchiste. L'être pour choisir la mixité du scrutin face aux modes proportionnels et majoritaires. L'être pour faire comprendre à la gauche que l'assistanat doit disparaître et à la droite qu'un revenu doit être distribué sans contrepartie. L'être pour faire baisser les consommations de drogue par la légalisation contrôlée. L'être pour s'extraire de ce croupissement qu'est la servitude volontaire qui laisse notre humanité se détruire. L'être pour pratiquer l'art vécu et l'art politique qui s'inscrivent dans la lignée existentielle d'Épicure, dans le désir et la béatitude de Spinoza, dans la lignée des libertins et des Lumières, dans l'éternel retour de Nietzsche, dans la joie et l'élan vital de Bergson, dans la condamnation à la liberté de Sartre, dans l'évènement de Badiou, dans le désir et le moment de Vaneigem. L'être pour faire œuvre d'art de notre existence. En cultivant la singularité nous touchons l'universalité.
Esprits libres libéraux-libertaires, écologistes, écosocialistes, fédéralistes, souverainistes européens, distributistes, libertins, épicuriens, conséquencialistes, malthusiens, darwinistes, laïques, républicains, universalistes, anti-communautaristes, radicaux, anticléricaux, existentialistes, humanistes, vitalistes.
Esprits Libres alliés aux forces écologistes, aux forces de gauche non totalitaires et aux forces centristes indépendantes non productivistes qui surgiront avec la réforme électorale ou/et avec une révolte de rue.
En répondant par milliers à l'appel de ce manifeste, en nous portant candidats Esprits Libres aux élections à venir, nous nous donnerons les moyens de vivre en esprits libres dans une société plus libre, plus créative et entrerons dans la **transition existentielle et écologique.**

───────────────

- 1 -
6ème République

1	De la démocratie vivante	p.14
2	5ème République, monarchie présidentialiste	p.19
3	Supprimons l'élection présidentielle	p.23
4	Scrutin mixte paritaire proportionnel à correctif majoritaire	p.27
5	Votes blancs représentés	p.33
6	Lettre ouverte	p.36
7	Conseils citoyens tirés au sort	p.39
8	Financement égalitaire, médias indépendants	p.45
9	Contre le mandat impératif et la révocation des élus	p.48
10	Contre les référendums et la république référendaire	p.49
11	Parité, quel féminisme ?	p.52
12	Fédéralisme et souverainisme européens	p.56
13	Simplification administrative fédéraliste girondine	p.66
14	Leurre de la démocratie participative	p.68
15	Pour la démocratie délibérative	p.71
16	Avec Anticor	p.73
17	Se défier de l'opinion majoritaire	p.76
18	Résumé de nos propositions institutionnelles	p.81

1 De la démocratie vivante

Notre concept général, organisateur de la cité, est celui de **démocratie vivante,** démocratie effective ou continue qui associe démocratie politique ET démocratie économique :
Démocratie politique : réellement **représentative** par la parité et la forte proportionnelle, et **délibérative** par les Conseils citoyens tirés au sort doublant toutes les assemblées élues.
Démocratie économique : distributive introduite par le **Revenu Citoyen** et redistributive s'appuyant sur une **fiscalité d'utilité publique et écologique**.
Libéral et libertaire, démocrate et républicain, ce principe est incompatible avec la monarchie présidentialiste jacobine qu'est la 5ème République comme avec les régimes et pensées autoritaires, totalitaires, populistes et référendaires.

Les bonnes idées écologistes ne suffisent pas
Il s'agit d'adopter un système de représentation permettant de les faire émerger, de les discuter entre citoyens aux échelles territoriales adéquates et de les passer en actes. Voter écologiste c'est bien mais encore un effort pour être des Esprits Libres. Il ne s'agit nullement de proposer telle ou telle mesure à faire adopter conjoncturellement par ce système vicié non représentatif qui continuerait ensuite à faire de mauvais choix. Il s'agit de modifier le mode de représentation, de délibération et de décision afin d'adopter de bonnes mesures en permanence.
Si une personne mange mal, il s'agit moins de lui proposer un bon repas que de lui apprendre à pêcher ou à chasser, à changer d'épicerie, à cuisiner. Mêmes causes, mêmes effets. Un mauvais système de décision produit généralement de mauvaises décisions. Changeons les institutions à mauvais effets.
La 6ème République de démocratie vivante est le système de délibération et de décision qui mène à un programme d'écologie intégrale, qui l'adopte et qui l'applique.

Scrutin paritaire mixte ou dose de proportionnelle ? 5ème ou 6ème République ?
Quand l'exécutif pourrait concéder une « dose de proportionnelle » nous engageons une campagne politique

conjuguant démocratie et efficacité pour un scrutin électoral mixte, proportionnel-majoritaire, paritaire, Femmes-Hommes.
1er tour proportionnel intégral attribuant 80 % des sièges, 2ème tour majoritaire accordant la totalité des 20% de sièges restant à la liste arrivée en tête.
Trois semaines entre les deux tours, fusion des listes et coalition majoritaire choisie par l'électeur au second tour.

Ce mode de scrutin prend tout son sens accompagné de mesures répondant à l'état actuel de non-représentativité de la 5ème République :
- **Calendrier républicain** replaçant la législative avant la présidentielle.
- **Démocratie vivante** incluant démocratie politique ET démocratie économique avec un **Revenu Citoyen** de 1000 € indexé sur le seuil de pauvreté éradiquant la misère.
- **Conseils citoyens** délibératifs tirés au sort selon les critères de représentation géographique, d'âge, de genre et autres adoptés pour la Convention climatique. Conseils doublant l'Assemblée nationale et remplaçant le Sénat mais doublant aussi les Assemblées régionales et les Conseils municipaux.
La démocratie représentative se pare, ainsi doublée, d'une capacité citoyenne délibérative rendant inutiles les référendums populistes manipulateurs.
- **Prise en compte et représentation des votes blancs** par un quota d'élus tirés au sort au prorata de ces votes dans toutes les assemblées élues. 12 % de votes blancs : 12 % d'élus tirés au sort dans l'assemblée concernée. Inscription automatique sur les listes du lieu d'habitation, incitation fiscale au vote.
- **6ème République** sociale, laïque, universaliste.
- Fin de la monarchie présidentialiste et suppression de l'élection monarchiste présidentielle.
- Président de la République simple arbitre, femme-homme en alternance, élu par les deux tiers de l'assemblée, au scrutin préférentiel, consensuel, accepté par l'opposition.
- Régime représentatif parlementaire primo-ministériel.
- Parlement de 400 députés, statut de l'élu renforcé.
- Moralisation et financement de la vie politique au prorata strict des voix obtenues et suppression des réductions fiscales sur les dons avantageant les riches.

Caractériser la 5ème République : démocratie républicaine ou monarchie présidentialiste ?

Si nous considérons que nous sommes en République et en démocratie, si nous assimilons la 5ème République à la démocratie représentative, nous ouvrons un boulevard aux populistes et à leurs idiots utiles, car la critique et le rejet de cette 5ème République deviennent critique et rejet de la démocratie représentative elle-même.

Si, à l'inverse, nous considérons que la 5ème République n'est ni une République, ni une démocratie, précisément en ce qu'elle n'est pas une démocratie représentative, ce même rejet de la 5ème République devient une défense et illustration de la démocratie représentative. Ne jetons pas le bébé de la République représentative avec l'eau du monarchiste bain.

Concernant la ligne rouge, démocratie ou non, considérons qu'**un régime est démocratique si l'élection législative :**
- **est libre et indépendante,** dissociée dans le temps des autres scrutins, quand elle n'est plus aujourd'hui qu'un processus d'avalisation de l'élection monarchiste en amont, avec pour effet néfaste de doubler la légitimité présidentialiste d'une légitimité législative, monarchie présidentialiste et non parlementaire.
- **est souveraine** en ce qu'aucune autre institution ne se situe au-dessus d'elle. En France, l'institution présidentielle est au-dessus de la parlementaire, elle-même divisée par un Sénat héritage de la monarchie élu au second degré. Souveraineté impliquant un régime parlementaire de primauté de l'Assemblée et garantissant son efficacité par le dégagement d'une majorité.
- **est représentative.** Parité, représentation des minorités politiques et des votes blancs, inscription automatique sur le lieu d'habitation, statut de l'élu permettant la représentation de tous les groupes sociaux. Revenu Citoyen permettant à chacun une autonomie afin d'être citoyen. Formation à la démocratie et à la citoyenneté dès l'école.
- **est démocratique.** Financement équitable, aide aux partis au prorata des voix dès le premier suffrage, et suppression des crédits d'impôt accordés aux seuls riches finançant leurs dons à 66 % par le trésor public. Alternance aisée par les droits des oppositions. Possibilité donnée aux citoyens de choisir la coalition gagnante entre les deux tours et non d'attendre celle-ci

à l'issue du scrutin proportionnel intégral instable et inattendu et dans le dos des électeurs. Contre-pouvoirs dont la deuxième chambre de sortition, un Conseil constitutionnel démocratisé, la suppression de la Cour de la République et du Sénat. Démocratique enfin par une organisation sociale d'une économie et d'une société AVEC marché et non DE marché redonnant à la politique son autonomie et sa souveraineté sur l'économie.

Sur tous ces points la 5ème République est hors démocratie. Le système majoritaire étale ses effets néfastes depuis 1958. Les exemples négatifs de référendums calamiteux ne manquent pas. Idem pour les proportionnelles intégrales instables : Espagne, Italie, Israël, 4ème République…

Le régime démocratique doit être parlementaire primo-ministériel et le mode de désignation du président, devenu simple arbitre, en alternance une femme - un homme, ne doit pas diviser les citoyens en deux camps mais les réconcilier. C'est-à-dire accepté par une opposition qui puisse mettre un véto sur telle personnalité trop partisane. Un mode de désignation préférentiel au 3/5èmes de l'assemblée est, de ce point de vue, acceptable.

Nous n'avons pas de système de dépassement du capitalisme et du socialisme, de système d'économie et de société AVEC marché et non DE marché. Constatons dès lors les institutions comme reflet, résultat de l'existant et non du souhaitable.
Constatons que les démocraties scandinaves et l'Allemagne constituent des démocraties avec souvent une part de proportionnelle ou la parité, un statut de l'élu, des financements et une éthique moins pire qu'ailleurs. Mais aucune n'a encore introduit l'élément de démocratie économique, une société sans pauvre, grâce au Revenu Citoyen, société AVEC marché et non DE marché. Aucune ne permet aux citoyens de choisir la coalition de gouvernement entre les deux tours législatifs ni ne représente les votes blancs au prorata dans l'assemblée élue. Aucune ne pratique le bicamérisme de sortition, tirage au sort pour la deuxième chambre. La Convention citoyenne sur le climat est un exemple positif de sortition.

Un fédéralisme républicain et laïque respectant chaque niveau, européen, national, régional et communal, contre tout séparatisme. Universalisme républicain et laïcité effective abolissant le Concordat d'Alsace-Moselle et les aides ouvertes et cachées aux cultes constituent des socles anti-séparatistes. Républicains, girondins et fédéralistes, nous considérons la « fédération d'États nations », dixit J. Delors, préférable à « l'Europe des régions » préconisée par certains écologistes. Organisons la simplification administrative supprimant les assemblées départementales, faisant du département une circonscription de la région avec un Conseil régional tenant des sessions plénières régionales et des sessions départementales. La fonction d'organisateur de la cité et de la citoyenneté du Revenu Citoyen est un puissant vecteur de dépassement des classes, des populismes, des séparatismes et divisions, un levier unificateur citoyen et fraternel d'un libéralisme de l'égalité des chances, d'un écosocialisme républicain, libéral et libertaire.

Nos propositions et nos intuitions s'alimentent de notre culture, de notre expérience pratique, 4ème et 5ème République et démocraties européennes principalement, et des corps de réflexions théoriques inspirés pour les plus connus par Spinoza, Machiavel, Montesquieu, Tocqueville, Diderot, Condorcet et les Lumières, Olympe de Gouges et les féministes, La Commune, Bakounine et les socialistes « utopiques », les fédéralistes, Léon Blum, Pierre Mendès France, Gaston Monnerville, Hannah Arendt, Herbert Marcuse, Jacques Ellul, Cornelius Castoriadis, Claude Lefort, André Gorz, Raoul Vaneigem, et autres esprits libres, en se mettant au service des exigences et défis contemporains : représentation vacillante, autoritarisme, technicisme, transhumanisme, crise écologique…

N.B. : « Esprits Libres » en majuscule désigne le mouvement politique. « esprit libre » en minuscule qualifie chaque individu dans son mouvement de rejet de la servitude volontaire.
Bien Vivre : Traduction du Buen Vivir d'Amérique Latine signifiant vivre en harmonie et en équilibre avec les cycles de la Terre-Mère, du cosmos, de la vie et de l'histoire.

---

2   5ème « République », monarchie présidentialiste

5ème République, ni républicaine, ni démocratique
En 1958, Charles de Gaulle fonde, par un coup d'État, une 5ème République, république autoritaire. Pouvoir personnel contrôlant les moyens d'information et couvrant des crimes d'État d'ampleur : assassinat de Ben Barka, meurtres du 17 octobre 1961 sous l'autorité du préfet de police fasciste Papon, meurtres du métro Charonne... La personnalité maurassienne de de Gaulle fait pencher la balance de la république autoritaire vers la monarchie. Mélangeant les genres et les périodes, celui qui a déjà couvert les assassinats de Sétif et ses 45 000 morts français algériens, tient des conférences de presse et parade en tenue de général aux antipodes de l'esprit républicain.

1962, passage de la république autoritaire à la monarchie constitutionnelle
Par le référendum, de Gaulle, ne pouvant directement restaurer la monarchie, après l'avoir envisagé, **transforme sa république autoritaire en monarchie républicaine,** comme l'a dénoncé Gaston Monnerville et analysé le constitutionnaliste Maurice Duverger. Pierre Mendès-France s'oppose au général à toutes les étapes et incarne la tradition républicaine et la gauche démocrate. Période parfaitement analysée par F. Mitterrand dans son pamphlet, « Le coup d'État permanent », sur lequel, parvenu au pouvoir, il s'assoit en épousant la monarchie. Il refusera la réédition de son livre désormais introuvable.

2002, passage de la monarchie constitutionnelle à la monarchie présidentialiste
Lionel Jospin, appuyé par la majorité de la classe politique, de Jacques Chirac à Valéry Giscard d'Estaing, en passant par François Bayrou et le PS, va pousser le bouchon présidentialiste plus loin et croit malin, pour battre Chirac, d'inverser le calendrier républicain qui voyait venir les législatives avant la présidentielle. Résultat : Jean-Marie Le Pen au second tour et les citoyens, privés de choix, condamnés au chiraquisme.

Par cette inversion, les effets du passage du septennat au quinquennat, qui avaient renforcé le présidentialisme, se trouvent amplifiés et ce qu'il restait de la République disparaît. Le passage de la monarchie républicaine à la monarchie présidentialiste est accompli. La France n'est plus républicaine et l'élection législative de son Assemblée nationale n'est qu'une avalisation et une vassalisation à l'instance présidentielle souveraine. Cette 5ème République salit le nom de République.

Défendre la démocratie représentative et la République implique de dénoncer la 5ème République en tant que monarchie présidentialiste non démocratique.
Monarchiste, ni républicain, ni démocrate, qui défend la 5ème République. Lignée bonapartiste : gaullistes, mitterrandiens, macronistes, LREM, PS, LR, RN sont de ce tonneau.
Qui attaque le concept même de **démocratie représentative** alors qu'il critique en réalité la 5ème République, qui n'est ni républicaine, ni démocratique, ni représentative, fait preuve de démagogie. Celui-là en pince pour la démocratie populiste référendaire. LFI et RN sont de ce tonneau.

Comme les Esprits Libres, certains critiquent la situation actuelle et la 5ème République. Mais assimiler la 5ème République à la République et à la démocratie revient à rejeter la République et la démocratie représentative. L'extrême gauche s'y complet. Terrain ouvert pour les démagogues des extrêmes, de l'extrême droite aux trotskystes, et pour tous les tenants d'une démocratie directe ou référendaire. On nous concocte une nouvelle mouture du pouvoir des soviets ou de la démocratie « directe » référendaire chère aux extrêmes.

Qui nous propose d'ajouter un fort caractère référendaire à la monarchie présidentialiste joue aux apprentis sorciers.
Pour qu'il y ait démocratie, pouvoir « de tous », pouvoir « du peuple, par le peuple, pour le peuple », disons les choses ainsi, il convient qu'il n'y ait pas monarchie, pouvoir d'un seul, et il convient que l'Assemblée nationale soit représentative, délibérative et souveraine.

Depuis 1962, l'élection du président de la République au suffrage universel direct confère à un seul une légitimité et un pouvoir supérieurs à ceux de l'Assemblée nationale.

Monarchie qui pourrait être limitée par la cohabitation, si l'élection législative était autonome, indépendante, et si son mode de scrutin était représentatif et délibératif.

Mais, depuis le mandat de cinq ans et l'inversion du calendrier républicain de 2002 par Lionel Jospin appuyé par la droite, l'élection législative suit immédiatement la présidentielle réduite à n'être qu'un processus d'avalisation et de renforcement des effets de l'élection monarchiste.

Nous avons accordé potentiellement des pouvoirs considérables à un seul et nous lui accordons la possibilité de les rendre effectifs en lui livrant une assemblée à sa botte. Et il est difficile de faire autrement que de donner une majorité au président, sauf à paraître incohérents. Avec la législative, non autonome, simple ratification de la présidentielle, le peuple n'est pas représenté à l'Assemblée. Ce sont les troupes du parti du président qui le sont, autant dire le président lui-même. L'Assemblée nationale ne nous représente plus.

On se délectera de voir dans nos propositions la revanche de Pierre Mendès-France sur le fossoyeur de la gauche François Mitterrand, et on se délectera tout autant de voir que des cinquièmistes notoires, J-P Chevènement et J-P Raffarin par exemple, en viennent enfin à proposer de déconnecter la présidentielle de la législative tellement ils constatent l'étouffement du système.

5ème République rénovée ou 6ème République ?

Les Esprits Libres veulent mettre en place une **démocratie représentative et délibérative, une démocratie vivante.**

Propositions absorbables, sur le papier, par la constitution actuelle, mais non dans l'esprit. Il reste possible de modifier laborieusement la constitution de la 5ème jusqu'à la dénaturer mais il est plus logique, plus honnête, plus sain, plus clair, d'adopter une nouvelle constitution dont la clé de voûte de la 5ème République, l'élection du président de la République au suffrage universel direct, disparaît.

Nous défendons la ligne de Pierre Mendès-France qui a voté contre la constitution de 1958 et contre la réforme de 1962 introduisant l'élection monarchiste.

Qui ne remet pas en question l'élection du président au suffrage universel direct, est peu fondé à parler de 6ème République. Ainsi A. Montebourg jadis favorable à la suppression de l'élection monarchiste pour finalement s'y rallier ou J-L. Mélenchon, affirmant qu'il ne faut pas enlever un pouvoir aux « gens » et qu'une Constituante se prononcera. La Constituante fera ce qu'elle voudra mais pour la convoquer il nous faut d'abord être majoritaires à dénoncer cette élection. L'honneur du politique propose sans se masquer.

Le programme LFI est une coquille vide muette sur la suppression de cette élection. Le mandat impératif et la révocation des élus qu'il propose sont dangereux. Les votes blancs ne sont pas représentés. Le bicamérisme n'est pas instauré à tous les échelons. Le fédéralisme est combattu en particulier au niveau européen. La démocratie économique qu'incarne le Revenu Citoyen est combattue. Populiste il préconise la proportionnelle intégrale assortie d'une démocratie référendaire nonobstant les corps intermédiaires.

Certaines démocraties comme l'Autriche maintiennent l'élection d'un président au suffrage universel. Mais ne suivons pas la politique de l'autruche. Dans notre pays de tradition jacobine le risque est grand de personnification du pouvoir. Cela s'est fort mal passé avec le roi, puis avec les empereurs et les présidents. Soyons prudents avec l'histoire. D'autant qu'un arbitre doit être accepté par les minorités et ne doit pas fractionner, diviser le pays en deux blocs hostiles dès son élection.
Ceux qui s'en prennent au socle monarchiste et au mode de scrutin majoritaire sont fondés à parler de 6ème République, de changement « de constitution » et non « de la constitution ». Appliquons en France le meilleur de ce qui existe dans les démocraties européennes.

_____

3 Supprimons l'élection présidentielle

La Révolution française s'est faite pour que notre Assemblée nationale soit le lieu de représentation du pouvoir « du peuple, par le peuple, pour le peuple ».
Aucune institution, dans notre République, ne doit se situer au-dessus de notre Assemblée nationale.
Or l'élection présidentielle court-circuite l'élection législative qui ne peut qu'avaliser, quelques jours après, le résultat de la présidentielle en envoyant une assemblée de la couleur du président élu renforçant plus encore son pouvoir. Assemblée ne représentant correctement aucune minorité. Avec l'élection monarchiste du président de la République au suffrage universel, la France est une exception en Europe. En refusant l'élection du président de la République au suffrage universel et en proposant un président simple arbitre et garant des institutions, Pierre Mendès-France avait raison contre la dérive bonapartiste monarchiste du pouvoir personnel de de Gaulle, contre François Mitterrand et leurs successeurs.

Suppression de l'élection monarchiste présidentialiste du président de la République au suffrage universel.
Ce régime de « monarchie présidentialiste » est d'essence bonapartiste, gaulliste, populiste, monarchique. Le populisme monarchique puise sa légitimité dans cette particularité française, unique et scandaleuse en démocratie européenne, que constitue l'élection du chef de l'exécutif au suffrage universel. D'autres élisent un président mais qui n'est pas chef de l'exécutif. Moment où le peuple se dessaisit dans un processus de servitude volontaire pour se livrer au pouvoir absolu d'un seul. Possibilité de choisir son monarque, cadre monarchiste. Le Parlement, qui légifère, et son émanation politique, le gouvernement et son Premier ministre, qui exécutent, deviennent des chambres d'enregistrement courroies de transmission du monarque tout-puissant. La légitimité présidentielle concentrée sur un seul écrase la légitimité populaire législative dispersée sur 577 circonscriptions. Le Parlement et la démocratie qu'il incarne n'existent plus en réalité.

Ce d'autant qu'avec le quinquennat, l'élection de ces petits députés se fait dans la foulée, de l'élection du grand personnage monarque. La main du peuple est forcée pour donner au président élu une majorité de députés godillots.
Prétendre vouloir limiter les pouvoirs du président avec un tel mode d'élection est demi-mesure voire pure lubie.
L'élection du président au suffrage universel direct se conçoit dans le cadre d'un régime présidentiel à l'américaine ne correspondant, ni à notre choix de régime parlementaire primo ministériel, ni à notre conception de la République.

La République, issue de la Révolution française, a rompu avec la monarchie. L'Assemblée nationale est l'instance supérieure souveraine de la représentation du peuple.
L'élection du président de la République au suffrage universel, adoptée par référendum en 1962, a transformé la République en monarchie constitutionnelle. Le mandat ramené à cinq ans et l'inversion du calendrier républicain en 2002 ont aggravé le processus et, force est de constater que, la France est devenue une monarchie présidentialiste.
L'élection présidentielle non républicaine fait de la France un pays plus monarchiste que les royautés européennes.
Le Parlement est minoré par la présidence. La représentation et la légitimité présidentielles sont bien supérieures à la représentation et à la légitimité législatives. L'élection législative a perdu son sens et sa prépondérance et ne peut logiquement qu'avaliser la présidentielle renforçant encore la monarchie présidentialiste. L'Assemblée nationale n'incarne plus la représentation nationale souveraine et les minorités n'y sont guère représentées. Ce système fracture le pays sur des questions de personnes au détriment du débat politique démocratique. Le pouvoir personnel en sort gagnant.
Système coûteux qui crée un doublon Elysée-Matignon. Dangereux en ce qu'il entraîne souvent une rivalité au sommet de l'État, voire des cohabitations, entre le président et son Premier ministre dans la conduite des affaires.
En coulisse beaucoup se déclarent favorables à un système parlementaire primo ministériel, mais arguent du fait que l'on ne peut revenir en arrière, que les citoyens sont attachés à cette élection. Le citoyen est capable de comprendre si nous sommes

capables d'expliquer. Il convient d'affirmer notre opposition à cette élection et à la servitude volontaire.

L'élection présidentielle étant la clé de voûte des institutions de la 5ème République, difficile de prôner une 6ème République sans remettre en question cette élection.
Les législatives avalisent et renforcent la présidentielle qui la précède. Le pouvoir de dissolution bétonne l'édifice.
Pourquoi, quand cette élection est une singularité française antidémocratique en Europe, ce mot d'ordre n'apparait pas ?
Le gouvernement doit émaner des élections législatives, le président nommer Premier ministre le chef de la coalition gagnante et celui-ci nomme un gouvernement responsable devant l'Assemblée.
Dans un premier temps, il convient d'adopter le mode de scrutin mixte et de revenir au calendrier républicain.
La conception de la République change. La République devient citoyenne par son mode de représentation réellement parlementaire mixte et la démocratie vivante qu'elle met en place. Et européenne par sa capacité à se fédérer au noyau central et à s'intégrer à l'ensemble européen.

Les Esprits Libres, mendésistes soutiennent des mesures de transition comme la présidentielle après la législative, et le scrutin au vote préférentiel pour cette présidentielle qui nous colle. Ce serait moindre mal et cela dépolluerait la législative en lui redonnant son autonomie.
Si la gauche était mendésiste elle ne participerait pas à la lutte des égos et à la course à l'échalote présidentielle où elle a son âme à perdre, mais elle engagerait une campagne de longue éducation contre le principe réactionnaire de cette élection et c'est le poste de premier ministre qu'elle viserait.

Ladite gauche s'accommode de cette élection, et, c'est tout le drame, choisit Mitterrand contre Mendes France. Cette "gauche" et les "écologistes" ne sont pas du tout à la hauteur des enjeux. À preuve, aucune force ne réclame la dissolution de l'assemblée afin que les législatives précèdent la présidentielle, mot d'ordre de partisans d'une démocratie parlementaire.
Les primaires, censées limiter les dégâts en limitant le nombre

de candidats, sont malheureusement conçues pour choisir le meilleur canasson dans la course au blason monarchiste. Dans une telle primaire les écuries s'entredéchirent n'augurant pas la victoire ni de bons accords législatifs à suivre. Dans la logique d'une refondation crédible, une primaire effectivement citoyenne proposerait une candidate ou un candidat demandant cette dissolution. Il s'agirait, en outre, que cette personnalité consensuelle s'engage, une fois élue, à se retirer de la vie politique partisane, à n'être qu'un simple arbitre et s'engage immédiatement à mettre en place un régime parlementaire primo ministèriel. Pour 2022 un Piketty aurait fait l'affaire.

Dans ces conditions oui pour une primaire sinon nous nous berçons d'illusions cinquièmistes, monarcho-présidentialistes et nous les semons. Soixante ans que cela dure.

Résultat des courses : quand la gauche gagne elle perd une âme qu'elle n'a pas puisqu'elle accepte ce processus réactionnaire de servitude volontaire du système monarcho-présidentialiste et son jeu sans le dénoncer frontalement. Honte avec le droitier Mitterrand qui avait écrit « *Le coup d'Etat permanent* » pour ensuite devenir le pire des présidents monarques, ou gêne avec un bonhomme du centre droit, un plat pays, pardon un F. Hollande. Mieux vaut pour la gauche perdre cette élection dans ces conditions de non prise de conscience de la politique, de l'organisation de la cité et de ses défis contemporains.

Les Esprits Libres, tant que cette élection monarchiste existe, ne proposent pas de la boycotter et il serait bon qu'un candidat propose la suppression de cette élection.

Il convient de choisir le moins mauvais, de favoriser la gauche et l'écologie voire le centre contre la droite et l'extrême droite. Voire d'appeler à un vote blanc dans certaines circonstances. Chaque voix compte, surtout avec autant d'abstentions, et la voix des esprits libres doit compter au maximum dans toutes les configurations.

Boycotter comme s'abstenir c'est offrir le pouvoir aux partis du système et à l'extrême droite. Participer sans dénoncer le processus même de cette élection est pire et relève de la servitude volontaire.

4 Scrutin mixte, paritaire, proportionnel à correctif majoritaire

Des institutions démocratiques répondre principalement à trois exigences :
1 - **Représenter au maximum les minorités**, courants et sensibilités politiques de la population. Obtenir la **parité** de toutes les assemblées ;
2 - **La gouvernabilité**, exigeant de **concéder une majorité à la plus forte minorité**, à la coalition la plus forte ;
3 - **Rendre aisées les alternances.**

Cela implique un système mixte de proportionnelle la plus intégrale possible au premier tour et un second tour majoritaire, sorte de prime au gagnant. Parité, minorités fortement représentées, majorité conférée, alternances faciles.
Choix citoyen consistant à choisir et à doser la mixité, proportionnelle-majoritaire, dans un double souci : garantir une majorité et une stabilité gouvernementales et représenter au mieux les minorités sans mettre en cause le fait majoritaire. Ces curseurs activés, le système mixte, proposé ici, se situe au plus près de ces objectifs et préoccupations démocratiques.
Contestons l'appartenance des partisans de la proportionnelle et des partisans du majoritaire, même mâtiné d'une « dose » homéopathique de proportionnelle, à un projet citoyen de 6ème République dans la mesure où ils nient un pan essentiel de la démocratie, la nécessité d'une majorité et d'une stabilité pour les premiers, la représentation des minorités pour les seconds.
Dire qu'une 6ème République suivra la 5ème est une lapalissade. Cela ne suffit pas à avoir raison ou à constituer un camp. Le FN a longtemps préconisé une 6ème République, LFI la préconise aussi, mais cela ne nous concerne pas pour autant. Prenons en compte les contenus citoyens des propositions.

Critique du scrutin majoritaire
Il garantit la majorité mais au prix de la disparition de la démocratie et à l'avantage de l'uniformité, de la pensée unique, de la disparition des minorités non inféodées à un grand parti et du féodalisme bipartisan le plus souvent.

Scrutins majoritaire et proportionnel purs ne sont que deux dangereux extrêmes d'une multitude de scrutins mixtes possibles. On ne peut réduire une palette de couleurs en dégradé à ses deux couleurs extrêmes de bout de chaîne.

Une fausse bonne idée de Gribouille-Montebourg-C6R consiste à se défausser en concédant une Assemblée élue au scrutin majoritaire dite « chambre majoritaire » et un Sénat à la proportionnelle dite « chambre d'opinion ». 5ème République bis avec la même assemblée qu'aujourd'hui.

L'Assemblée nationale est le haut lieu suprême du débat démocratique et de la décision législative. **Toutes les forces doivent être représentées**. L'Assemblée représente « le peuple » dans ses composantes et incarne le pouvoir de légiférer, le pouvoir de la plus forte minorité. Livrer cette Assemblée aux seuls partis « majoritaires » est inique. Le vrai débat serait relégué au Sénat devenant sorte d'Assemblée bis, passionnante mais impuissante. Que l'Assemblée soit la plus proportionnelle acceptable, proportionnelle autant que le fait majoritaire n'est pas en cause.

Critique de la proportionnelle intégrale

Comme l'enfer est pavé de bonnes intentions, sur le papier, la proportionnelle intégrale semble la proposition la plus démocratique. Miroir aux alouettes, attrape-nigauds. La revendication de proportionnelle intégrale à toutes les élections risque de rendre ingouvernables les institutions. De cette instabilité naît la 5ème République sur les lambeaux de la 4ème. Le fascisme y fait régulièrement son nid. Les excès tuent et celui de démocratisme proportionnaliste tue la démocratie et bloque le processus de gouvernement.

La première erreur ou intention malsaine consiste, sous le fallacieux prétexte de représenter parfaitement les minorités, de préconiser la proportionnelle intégrale. Les minorités sont bien représentées mais le pays est le plus souvent ingouvernable et la crise politique permanente devient crise de régime, blocage et boulevard pour l'établissement d'un pouvoir fort sortant de la démocratie au bénéfice d'une démocrature.

Ce serait renverser la 5ème République pour risquer l'instabilité gouvernementale de la 4ème République.

Le risque d'instabilité de la proportionnelle intégrale n'est pas évident pour certains quand nous avons pourtant sous les yeux de notre mémoire de terribles précédents :
Le siècle terrible parle pourtant et la République de Weimar tombe en 1933 car les constituants avaient introduit le référendum d'initiative populaire et la proportionnelle intégrale paralysant le nouveau régime et émiettant les partis dans des coalitions inefficaces. Hitler sera appelé à la chancellerie.

Sous la 4ème République la proportionnelle renforce l'instabilité parlementaire, et gouvernementale déjà présente sous la IIIème République. Le morcellement politique éloigne tous les partis de la majorité absolue. Les coalitions hétérogènes instables offrent une place considérable aux petits partis charnières comme l'UDSR. L'instabilité parlementaire entraîne une impuissance gouvernementale face aux guerres de décolonisation et provoque la chute du régime favorisant un régime autoritaire. 4ème République où les gouvernements ne duraient que quelques semaines et parfois quelques jours. 4ème République qui a offert une voie royale, monarchique, au coup d'État et à la prise du pouvoir par de Gaulle en 1958, au pouvoir personnel. Aujourd'hui les peuples espagnol, italien, israélien, allemand et autres souffrent du proportionnalisme sans majorité, soit par l'instabilité, soit par la *combinazione* avec des coalitions non choisies par les électeurs et fabriquées dans leur dos au lendemain des votes.
La proportionnelle intégrale entraîne la démocratie référendaire puisque les contre-pouvoirs et les échelons intermédiaires sont affaiblis, ignorés, court-circuités.
On comprend bien l'intérêt pour les deux extrêmes de rendre le pays ingouvernable et d'affaiblir corps et pouvoirs intermédiaires jusqu'à ce qu'un État fort vienne y mettre bon ordre nouveau. La proportionnelle intégrale et sa difficulté à obtenir des majorités stables produisent le chantage des petits groupes qui se vendent au plus offrant, font et défont les majorités à leur guise, provoquent une coalition hétéroclite qui va de compromis en « *combinazione* » sans fin, compromissions permanentes, consensus mou, voire blocage et boulevard offert à un régime fort pour s'en sortir. Entourloupe, ces groupes voulant renverser la démocratie trouvent là un chemin qui les pare d'un voile

démocratique. RN, PCF et LFI sont chauds partisans de cette proportionnelle intégrale et des référendums.
Les Verts eux, parés d'un vernis libertaire, par utopie ou par naïveté politique, préconisent également ce système extrémiste. Dans leurs textes internes ils mâtinent de correctifs mais à la tribune on défend « la proportionnelle ». Par immaturité, démocratisme primaire qui voit des élus bisounours formant à chaque fois des majorités d'idées, ils n'envisagent pas les tempêtes et ne retiennent pas les leçons amères de l'Histoire.
PS, LR et LREM ont ainsi beau jeu de brandir le risque du proportionnalisme pratiqué dans son intégralité pour conserver leur système inique. De mauvaise foi, ils refusent d'envisager la proportionnelle à correctif majoritaire ou, pervers, ils préconisent une « dose » de proportionnelle.
Notre pays est non préparé à la culture de compromis. La division de notre société, sa fracture sociale et politique et ses inégalités, la force des populistes, ne nous permettent pas, dans un premier temps, de passer à une proportionnelle intégrale. Si tant est que nous le souhaitions, nous ne pouvons prendre ce haut risque d'instabilité et il nous faut un apprentissage. Qui plus est, le fait de conférer à la plus forte minorité une capacité majoritaire est peut-être plus démocratique et susceptible de favoriser les alternances que ne le sont les majorités mouvantes de la proportionnelle intégrale qui risquent de toujours prendre les mêmes et de recommencer pour finir en « *combinazione* ».

Pour le scrutin mixte
Le scrutin mixte, 400 sièges, paritaire femmes-hommes.
Premier tour proportionnel intégral à 80% = 320 sièges,
Second tour majoritaire à 20% = 80 sièges.
1er tour : 320 sièges à la proportionnelle intégrale :
160 élus à la proportionnelle intégrale sur listes paritaires régionales. 160 élus à la proportionnelle intégrale sur listes paritaires nationales.

Deuxième tour, correctif majoritaire :
80 sièges paritaires attribués à la liste arrivée en tête du second tour de scrutin de listes après fusion des listes entre les deux tours. Trois semaines entre les deux tours pour la fusion des listes, favorisant les listes capables de s'allier au deuxième tour

et pénalisant les extrêmes peu capables de passer des alliances. Les listes peuvent fusionner entre les deux tours si elles ont obtenu au moins 2% des suffrages.

L'électeur choisit la coalition gagnante et son programme de gouvernement qu'il voit se composer entre les deux tours. Les alliances se font sous ses yeux entre les deux tours. Avec la proportionnelle intégrale les alliances se font dans le dos de l'électeur, après l'élection et souvent de façon surprenante, au plus offrant. Nous voyons Cinq Étoiles en Italie nouer une alliance contre nature avec l'extrême droite puis la rompre et passer une alliance avec la gauche.

La farce de la « dose de proportionnelle »
Nombreux sont les systèmes majoritaires introduisant, « distillant » une dose de proportionnelle. Ce sont les plus pervers s'agissant de faire semblant de représenter les minorités, de leur accorder des miettes, de les contenir dans une représentation artificielle et médiatique sans possibilité d'accéder au pouvoir.

Majorité ou plus forte minorité ?
Nécessaire remise en cause du concept de « **majorité** » et son remplacement par celui de « **plus forte minorité** » avec concession majoritaire pour gouvernabilité.
La chose politique, organisation de la cité, pays, région, commune, devient gouvernable sans crise, sans compromission, sans petits groupes faisant la pluie et le beau temps, sans chantage politique. L'exercice facilité du pouvoir par la plus forte minorité est lisible. N'étant pas considérée comme la majorité la « plus forte minorité » reste humble et attentive.
Les autres minorités et sensibilités s'expriment aisément et en ont les moyens, en particulier celui de remplacer la plus forte minorité qui gouverne à la prochaine échéance électorale. L'alternance est facilitée même si elle n'est pas automatique. Elle permet à une minorité de devenir la plus forte minorité, de gouverner avec des moyens majoritaires.
Égalité maximale des chances dans la compétition électorale, stabilité gouvernementale et maximum de représentation politique des minorités dans les assemblées.

Le second tour majoritaire, prix de la gouvernabilité, garantit la majorité, preuve que la pensée libertaire peut être une pensée de gouvernement. C'est que nous sommes et démocrates et républicains et que nous nous en donnons les moyens tout en en payant le prix. Nous sommes opportunistes, cyniques, pragmatiques et conséquencialistes si nous voulons bien nous donner la peine de redonner à ces mots leur vrai sens philosophique hors politique politicienne. Esprits libres, ne craignant pas les mots et de leur signification.
Cette concession de notre part ne bénéficie pas à n'importe qui. Elle avantage la liste arrivée en tête à l'issue du second tour d'un scrutin de liste et défavorise les extrêmes. Nous savons combien la servitude volontaire est ancrée, combien les Esprits Libres ne seront pas forcément et en permanence en charge du gouvernement. Il convient donc de faire en sorte que cette concession soit sous un régime de « légalisation contrôlée », que cette concession ne fasse pas l'objet d'abus et surtout que l'alternance, la possibilité de changer facilement le groupe gouvernemental pour un autre, soit facilitée en tout. Nous concédons la gouvernabilité contre la facilité des alternances.

Fonctionnement parlementaire et délégation de vote
« La loi organique peut autoriser exceptionnellement la délégation de vote. Dans ce cas nul ne peut recevoir délégation de plus d'un mandat. ». Mais cette délégation est devenue la règle à l'Assemblée. Pour la plupart des votes, les présents sont porteurs d'une délégation. 50 présents à la séance pour 100 votants. Au Sénat, la délégation de groupe, non constitutionnelle, est pratiquée, un élu vote pour tout son groupe.
La délégation cache l'absentéisme et favorise le cumul des mandats. Supprimons-la afin que seuls les présents votent, que le nom des votants soit enfin public et que l'absence injustifiée entraîne une retenue sur salaire.

Nb : « Paritaire », s'agissant des institutions et des élections, signifie équilibre femmes-hommes et les personnes ne se reconnaissant pas dans ces genres sont éligibles et intégrables sans peser sur cette répartition.

5   Votes blancs représentés par des élus tirés au sort

Inscription automatique sur les listes électorales du lieu de résidence. Incitation fiscale au vote dite « vote obligatoire ».

Cette reconnaissance du vote blanc et cette incitation au vote ne prennent vraiment sens qu'accompagnés de l'instauration d'une **démocratie politique vivante** impliquant un élément de **démocratie économique** éradiquant la pauvreté et permettant à chacun d'être pleinement citoyen. C'est dans cette configuration et avec un **Revenu Citoyen** que nous pouvons donner du sens au vote en général et au vote blanc en particulier.

Différence de 100 € sur le Revenu Citoyen du mois entre votants et abstentionnistes.
Il ne s'agit pas d'un vote obligatoire mais d'une qualification de devoir civique citoyen et d'une incitation fiscale au vote sous forme d'une retenue fiscale sur le Revenu Citoyen en cas d'abstention. Ce conformément à la nature d'organisateur de la cité et d'élément constitutif de la démocratie économique du Revenu Citoyen.

L'incitation fiscale au vote ne consiste pas à distribuer des bons et des mauvais points. Mauvais exemple de la Chine avec le crédit social, la méritocratie et la sanction. Il ne s'agit pas de pénaliser les non intéressés par un investissement citoyen.
Considérons seulement que dans la mesure où le Revenu Citoyen est servi, distribué, uniquement en conséquence de la citoyenneté, dans la mesure où la citoyenneté et la démocratie, pour être vivantes ne se conçoivent pas entières sans le vote, dans la mesure où voter est éthiquement un devoir, concrètement du temps passé, un effort, un travail de citoyen, dans la mesure où le vote blanc est représenté par des élus tirés au sort au prorata des blancs exprimés, dans la mesure où la représentation équitable est assurée par une proportionnelle considérable à 75 %, il ne semble pas aberrant de considérer que celui qui n'accomplit pas ce devoir et ce travail et le délègue de fait aux autres, reçoive 900 € plutôt que 1000 € le mois

concerné par le vote. Cela constitue une équité, plus nécessaire symboliquement que monétaire tellement elle est faible, et non une punition ou une sanction à proprement parler. Il s'agit bien une incitation fiscale au vote assumée dans le cadre d'une fiscalité d'utilité publique et d'un vote non obligatoire.

En mesure d'accompagnement dans le cadre de l'émergence d'une 6ème République, une instruction civique sera dispensée sous forme d'un trimestre scolaire afin de former au métier de citoyen.

Le vote étant fiscalement incité et assimilé à un devoir civique, il devient nécessaire et légitime de reconnaître le vote blanc, de le **comptabiliser** et de le **représenter** par le tirage au sort.

Votes blancs comptabilisés

Reconnaissance du vote blanc dans la publication des résultats des sondages eux-mêmes délimités dans le temps.

Reconnaissance et comptabilisation du vote blanc dans les résultats des votes.

Votes blancs représentés dans les assemblées par des élus tirés au sort au prorata des votes blancs. 10 % de votes blancs et ce sont 10 % d'élus tirés au sort. Proposition singulière.

Démocratie vivante effectivement représentative

Aujourd'hui 75 % des électeurs potentiels ne sont pas représentés à l'Assemblée. Ceux qui, dans leur circonscription n'ont pas voté pour le gagnant. Les électeurs de droite dans une circonscription ancrée à gauche, ou l'inverse, peuvent passer leur vie à voter pour rien… Ceux qui osent voter pour des petites ou moyennes formations non alliées aux grands partis. Votes blancs méprisés, abstentionnistes et non-inscrits ignorés.

Les votes blancs émanent de citoyens motivés pour voter mais ne se reconnaissant pas dans les candidatures présentées. La démocratie vivante que propose les Esprits Libres les prend en considération et les représente autant que faire se peut.

La difficulté réside en ce que leur choix n'est pas exprimé, pas incarné, sauf concernant la défiance vis-à-vis des candidats en lice. Dès lors, pour les prendre en compte autant que possible, on tire au sort des électeurs à qui l'on propose de siéger. Ce au prorata des votes blancs.

Ce souci de représenter les votes blancs est lié à notre proposition d'incitation fiscale au vote. Les citoyens se déplacent plus facilement et légitimement s'ils ont la possibilité de ne pas voter pour les candidats qui ne leur plaisent pas, tout en étant eux-mêmes pris en compte, voire représentés, ou qu'ils voient leur choix possible élargi par l'introduction d'une large part de proportionnelle. L'abstention devient marginale, injustifiable démocratiquement et pénalisée fiscalement. Les votes de protestation extrémistes seront largement absorbés par ce vote blanc représenté. Ce à tous les échelons, municipal, régional, national. Garder les avantages du tirage au sort qui correspondrait aux votes blancs, sans l'inconvénient consistant à abandonner le système de représentation démocratique et à le confier au hasard de la sortition, tirage au sort, intégrale en confisquant le débat et la démocratie représentative. Nos propositions s'opposent aux extrêmes que sont le système majoritaire, la proportionnelle intégrale ou le tirage au sort intégral remplaçant les élections démocratiques. Elles réduisent aussi le vote extrémiste.

En option nous pouvons concevoir un système où l'électeur qui vote blanc pourrait, ou non, joindre au bulletin blanc une enveloppe close avec son nom s'il est candidat au tirage au sort. Le tirage au sort se ferait sur le paquet d'enveloppes closes des volontaires au poste ayant voté blanc. Seuls les noms des tirés au sort seraient divulgués et les enveloppes non tirées seraient détruites sans être ouvertes afin de conserver la confidentialité du vote. Avantage de la motivation de ces citoyens et de leur indépendance vis-à-vis des autres listes. Nous obtenons des élus blancs ayant voté blanc, volontaires, actifs, indépendants.

6   Lettre ouverte

Aux électeurs et forces démocrates et écologistes
Les Esprits Libres proposent le scrutin proportionnel paritaire à correctif majoritaire comme condition du soutien à un candidat au 1er comme au 2nd tour. Ils proposent le rétablissement du calendrier républicain, législatives avant présidentielle. Ils proposent la suppression de la présidentielle.

À l'heure où il est question de « dose » de proportionnelle, notre mouvement, « Les Esprits Libres, pour la 6ème République écologique et le Revenu Citoyen », lance un appel aux forces démocrates, écologistes, centristes et indépendantes pour leur proposer un pacte démocrate autour de ce mode de scrutin.
Cet appel outrepasse le clivage gauche droite et rejette les extrêmes adversaires de la démocratie représentative, favorables au scrutin proportionnel intégral et à la république référendaire.
Nous demandons le droit d'exister par nous-mêmes et pour nous-mêmes, de vivre et de faire vivre notre démocratie, une démocratie vivante.
Jusqu'à l'arrivée de LREM, n'ont eu droit de survivre que ceux qui faisaient allégeance au PS ou à LR et qui, en échange, se voyaient attribuer quelques circonscriptions. Nous voulons accéder à la représentation parlementaire sur la base de notre électorat. Nous ne voulons plus devoir nos députés au bon vouloir de LREM, du PS, de LR, des Verts ou d'autres, nous voulons les devoir à nos électeurs.
Nous appelons toutes les forces susceptibles d'apporter du sang neuf au combat politique et à la nécessaire restructuration de notre vie politique à soutenir et à exiger ce mode de scrutin.
S'allier, oui, gagner, oui, obtenir des postes, oui, mais à la condition de ne pas faire allégeance, de garder son indépendance, d'être une force politique autonome, de d'être pas des supplétifs de partis du système de la 5ème République et de son scrutin majoritaire mâtiné ou non de « dose » de proportionnelle.
Le scrutin mixte garantit l'indépendance politique, favorise

l'émergence de nouvelles forces, réduit l'abstention et ouvre l'espace d'une démocratie vivante et d'une 6ème République.

Les Esprits Libres appellent à une fédération de toutes les forces du centre gauche, du centre, de la gauche et des écologistes. Fédération, souple respectant les identités respectives, force d'intervention rapide et efficace sur la présidentielle proposant l'adoption, avant la présidentielle, d'un **mode de scrutin législatif paritaire mixte**.
Ce scrutin est LA condition de soutien à une candidature au premier comme au second tour, sauf danger extrémiste, puis la condition de participation à un gouvernement.
Notre appel s'adresse également à tous les électeurs pour qu'ils adoptent dans les urnes la même exigence et la même attitude.

Sortir de la rade
Nous avons lancé une pétition citoyenne et son argumentaire pour la suppression de cette élection présidentielle monarchiste. Mais cette élection existe et domine. Il s'agit de composer avec cette élection qui accapare le pays, le pollue en profondeur tous les cinq ans. Que faire aujourd'hui de cette élection antidémocratique ?
Les candidats ont absolument besoin de nous, forces démocrates, écologistes, centristes et indépendantes pour franchir le cap du premier tour et accéder au second tour de la présidentielle. Fixons les conditions de notre soutien. Que pouvons-nous tirer de bon pour les citoyens de cette élection présidentielle ? Que demandons-nous d'essentiel en échange de notre soutien ?

Quelles erreurs à éviter ?
1 - Exiger des promesses et engagements électoraux. Ce serait faire preuve d'une grande naïveté en faisant comme si les promesses électorales étaient tenues, comme si elles n'engageaient pas que ceux qui y croient. Les partis ne respectent guère leurs engagements programmatiques. Seul un mode de scrutin représentatif permet de garantir ces engagements.
La question du programme sur lequel se fait l'alliance est moins importante que la question du mode de scrutin adopté pour

conclure l'alliance. Ce scrutin constitue notre plus petit commun dénominateur fédérateur dans la perspective de la présidentielle.
2 - Obtenir des postes de ministres et des sièges de députés que nous devrions à tel ou tel, et non à nos électeurs. C'est-à-dire être des forces marginalisées ou satellisées supplétives des partis dominants, comme l'ont été les Verts et l'UDI.
Entrer au gouvernement sans avoir obtenu cette réforme serait la pire des choses, car beaucoup d'entre nous seraient condamnés à la solidarité gouvernementale et ne pourraient plus appuyer cette réforme. Démocrates, écologistes et centristes jouent leur existence en tant que forces indépendantes autonomes.

Pourquoi exiger cette réforme, en faire une condition de notre soutien ?
Jusque-là, n'ont droit de survivre de miettes que ceux qui font allégeance et se voient attribuer quelques circonscriptions ou strapontins. N'acceptons pas une « dose de proportionnelle », véritable attrape-nigaud visant à sauver le scrutin majoritaire.
L'adoption d'un tel mode de scrutin permet la parité femmes-hommes au sein de l'Assemblée et le renouvellement en profondeur de nos mœurs politiques. Il redessine la carte des alliances en autonomisant l'UDI vis-à-vis des « Républicains » et en permettant aux Verts et à la gauche de rester autonomes. La pire des situations est celle des Verts qui devaient leurs élus au retrait du PS dans certaines circonscriptions. Idem pour l'UDI, condamnée à s'allier aux « Républicains ».

Le pacte démocrate proposé par les Esprits Libres
Nous appelons toutes les forces susceptibles d'apporter du sang neuf au combat politique et à la nécessaire restructuration de notre vie politique à soutenir et à exiger ce mode de scrutin.
Les bonnes idées sont lettres mortes sans de nouvelles institutions démocratiques et nous restons ligotés si le carcan institutionnel ne bouge pas avec des risques d'explosions antisystème, inégalitaires, liberticides, non républicaines, non démocratiques et nationalistes.

7   Conseils citoyens tirés au sort

Le « grand débat » français n'a rien donné sinon une tribune supplémentaire au président.
Au contraire, les travaux de la **Convention citoyenne pour le climat** tirée au sort, ont été salués pour leur sérieux et la qualité des propositions adoptées. Acteurs de terrain, associatifs, experts et citoyens ont été écoutés avec attention. Mieux qu'avec les commissions parlementaires, rapports d'experts ou concertations diverses. Poursuivons en reprenant la très ancienne proposition des Esprits Libres d'introduire la sortition dans nos institutions. Façon d'institutionnaliser et de généraliser ce processus de Convention citoyenne si prometteur et d'éloigner le danger des référendums, RIC, référendum d'initiative citoyenne, comités Théodule et Cie.
La place du tirage au sort, de la sortition, dans le processus de démocratie vivante est importante.
La démocratie politique, démocratie continue, est constituée de la démocratie politique **et** de la démocratie économique, de la **représentation et** de la **délibération**, elle est représentative **et** délibérative. Représentation et délibération garanties par le mode de scrutin mixte proportionnel majoritaire **et** par un tirage au sort des deuxièmes assemblées, les **Conseils citoyens**.

Assemblée nationale secondée par le Conseil citoyen national qui remplace le Sénat et le Conseil économique, social et environnemental. Élus européens secondés par le Conseil citoyen européen. Assemblées régionales secondées par les Conseils citoyens régionaux. Conseils municipaux secondés par les Conseils citoyens municipaux.

Bicamérisme pour concilier les aspects positifs de la démocratie athénienne et ceux de notre démocratie représentative, tout en combattant les aspects négatifs de l'une et de l'autre.
Les tenants du tirage au sort des assemblées décisionnelles jettent le bébé de la démocratie représentative avec l'eau du bain. Nous ne pouvons partager cette fin de la démocratie pour un choix aussi excessif et aléatoire. Mais, force est de constater que notre « démocratie » actuelle, véritable monarchie

présidentialiste, n'est nullement représentative. Nous ne sommes plus en régime démocratique mais en régime de pouvoir personnel, en monarchie présidentialiste.

Les Esprits Libres viennent, en proposant la **démocratie vivante**, au secours de la démocratie représentative, contre la « démocratie » référendaire, contre la « démocratie de sortition », celle du tirage au sort généralisé et contre la « démocratie » directe. La démocratie vivante, démocratie représentative, emprunte à la sortition concernant les Conseils.

Rappelons que la démocratie vivante représentative à deux impératifs : la représentation maximale des minorités **et** la gouvernabilité par l'émergence d'une majorité.

Pour répondre au souci de gouvernabilité, nous avions introduit le correctif majoritaire, second tour majoritaire, dans le scrutin proportionnel.

Pour répondre au souci de représentation des minorités, sensibilités, diversités d'opinion, du pluralisme, nous retenons la proportionnelle la plus forte possible.

Là, le souci de gouvernabilité ne se pose plus puisqu'il s'agit de consulter en permanence cette représentation, de délibérer en permanence. Le tirage au sort est idéal pour cela.

Une assemblée élue n'est qu'une représentation des partis. Proportionnelle intégrale, elle n'est qu'une représentation proportionnelle des partis. Intégrale à correctif majoritaire, elle n'est que la représentation intégrale des partis avec une surreprésentation, prime majoritaire, à la plus forte minorité.

Un conseil, tiré au sort, paritaire, est une représentation assez authentique de l'ensemble de la population et non des seuls partis. Avec le tirage au sort, nous aurons des ouvriers, des noirs, des blancs, des arabes, des commerçants, des pauvres, des chômeurs, des artistes, des jeunes, des retraités, des handicapés, des étudiants, etc.

De là, l'idée d'une assemblée entièrement proportionnelle à sa façon, car tirée au sort, et qui vient en deuxième lecture aider ou corriger l'assemblée élue. Nous pourrions imaginer pour cette fonction une autre assemblée élue entièrement à la proportionnelle sans correctif majoritaire mais ce serait singer l'Assemblée décisionnelle proportionnelle des partis à 80 % et cela laisserait une trop grande place aux partis et à leurs caciques professionnels.

Ces assemblées, Conseils citoyens, tirées au sort, sans pouvoir décisionnels, font entendre un certain état de l'opinion hors des référendums manipulés par les pouvoirs et hors des sondages, dont les commanditaires fortunés font l'usage que l'on sait et qui se substituent au débat démocratique en le faussant à leur avantage. Sereinement, l'assemblée tirée au sort commente l'assemblée élue et lui envoie des signaux, rapports et indications. Elle permet à la majorité de l'assemblée élue de gouverner avec plus de sagesse et lui rappelle qu'elle n'est en réalité qu'une minorité plus forte que les autres à laquelle on concède la possibilité de gouverner, qu'elle est là provisoirement pour servir jusqu'à la prochaine alternance et non pour se servir. Le meilleur effet de ces Conseils tirés au sort est, et c'est bien l'objectif, d'en finir avec les velléités de « démocratie référendaire » que nos champions de la proportionnelle intégrale souhaitent substituer à la démocratie représentative.

Conseils citoyens représentatifs, placés dans les conditions de l'expertise, de la délibération et du débat démocratiques, de la recherche du consensus et non du clivage référendaire tranchant, sans soucis de carriérisme ou de la réélection, sans allégeance aux partis, sans parti pris, sans intérêts personnels, sans carriérisme, en toute quiétude. Nous sommes les nouveaux conseillistes, partisans du pouvoir des conseils. Ces conseils signent la fin des référendums et des multiples et coûteux « comités Théodule » manipulés par les gouvernants.

La place du tirage au sort
Distinguons certains modes de désignation : la sortition du tirage au sort, l'élection et la certification par le concours.

L'élection part d'un principe aristocratique, volonté d'aristocratie élective et censitaire et non filiale. « *L'élection c'est la plus forte minorité qui décide de déléguer le pouvoir aux candidats qu'elle déteste le moins parmi les candidats présélectionnés qui ont une chance de gagner.* ».

Le tirage au sort a pratiquement disparu de nos mœurs politiques mais curieusement nous y avons recours pour la chose la plus grave, pour les jurés d'assises.

Expérimentation historique à Athènes pour le conseil de 500

magistrats tirés au sort pour un an, mais le siège du pouvoir reste l'Ecclésia, assemblée générale de tous les citoyens sur le Pnyx. Expérimentation également dans les républiques italiennes de la Renaissance et dans nos sondages avec leurs échantillons de population.

Penser le tirage au sort, comme l'ont fait Aristote, Montesquieu et Rousseau remet en question évidences et préjugés. Le pire est que le pouvoir soit exercé par ceux qui l'ont désiré pour en profiter. Égalitaire et non lié à l'argent ou aux lobbies, le tirage au sort n'est pas pire que notre mode de désignation.

Avec le hasard du tirage au sort, la politique est liée au service et non à l'intérêt et n'est plus affaire de spécialistes. Les tirés au sort sont humbles, n'ont pas cherché le pouvoir, ne l'ont pas demandé et ne sont pas supérieurs aux autres. Le tirage au sort ne représente, ni le sommet, ni la base, mais plutôt une horizontalité. Sa représentativité réelle, en miroir, répond au souci de Condorcet d'égalité femmes-hommes, entre les âges, les professions etc. Le tirage au sort entraîne une intelligente collective basée sur la délibération et l'expertise susceptible de modifier les avis.

Remplacer le Sénat monarchiste, instituer un bicamérisme fédéral de Conseils citoyens tirés au sort

Le Sénat, chambre réactionnaire, est resté, comme à son origine, une concession des républicains aux monarchistes. Élu par les élus, « grands » électeurs issus du système en place, il n'a aucun caractère démocratique et vient renforcer le système de monarchie présidentialiste par une chambre dorée, sorte d'aristocratie des élus n'ayant de compte à rendre qu'à eux-mêmes. Sénat, honte de la République française, servant de maison de retraite pour les élus battus à la législative ou incapable de s'y présenter.

Pour autant ce n'est pas le principe modérateur du bicamérisme qui est en cause puisque nous proposons de le remplacer par une seconde chambre, un **Conseil citoyen national** composé de citoyens tirés au sort et acceptant la fonction. C'est introduire la une authentique représentativité et une authentique délibération citoyenne renforçant la représentativité de l'Assemblée nationale.

Les Esprits Libres reprennent cette proposition conseilliste à l'échelle de chaque conseil municipal qui serait doublé d'un **Conseil citoyen municipal** et à l'échelle régionale avec un **Conseil citoyen régional**. Exit les conseils départementaux. Les Conseils régionaux se réunissent tantôt en commissions plénières régionales tantôt en commissions départementales.

Fonctions et attributions des Conseils citoyens
Ils étudient les textes adoptés en première lecture par l'assemblée élue. Même fonction que le Sénat actuel vis-à-vis de la Chambre des députés.
Consultatifs et délibératifs dotés des moyens et du temps d'expertise, les Conseils citoyens remplacent les référendums, souvent plébiscites, manipulatoires, qui court-circuitent la démocratie représentative et les échelons intermédiaires.

Des Conseils citoyens expérimentés
Notons que les Conseils citoyens tirés au sort sont renouvelés par tiers selon un rythme différend des élections afin que les anciens forment les nouveaux arrivants et que l'ensemble ne soit pas novice face aux assemblées élues. Les assemblées nouvellement élues ont ainsi toujours à faire à des Conseils citoyens expérimentés.

Les Conseils citoyens chambres du futur
Le régime parlementaire que nous proposons voit le parlement souverain sur l'exécutif et sur le marché. Il réorganise les services publics et la gestion des communs.
Dans cette tâche, les Conseils citoyens l'épaulent. Ces conseils, outre la « **fonction Sénat** » de deuxième lecture ont une **fonction de proposition et d'initiative** imposant des points à l'ordre du jour des assemblées élues. Mais ils ont aussi, et peut-être surtout, la mission de **chambres de prospective** mondiale, européenne, nationale, régionale et communale. Ils réfléchissent sur le long terme et la transition écologique, politique et économique. Ils constituent des assemblées du futur chargées de délibérer sur les choix productifs sous contrainte écologique. Ils collaborent avec les associations en général et avec celles de consommateurs en particulier, comme avec les syndicats. **Chambres de proposition pour le futur** en direction des

assemblées d'élus qu'ils éclairent au local, au régional, au national, à l'européen-planétaire.
Nouveau conseillisme, la décision concernant la production et la société dans son ensemble revient aux citoyens et à leur mode démocratique de représentation échappant au marché et aux capitaux privés.

Assemblée législative constituante pour une 6ème République
La volonté de réunir une assemblée constituante ne doit pas servir à un parti politique à cacher son orientation, ses divisions ou l'indigence de ses propositions. Demandez à LFI ce qu'elle pense de l'élection présidentielle au suffrage universel, du scrutin mixte, du fédéralisme, de l'intégration des départements aux régions et de la suppression des conseils départementaux, du tirage au sort… vous aurez autant de réponses que de militants… flou et division dont on s'en sort par la pirouette : « *c'est la constituante qui décidera…* » Nonobstant qu'il s'agit d'abord d'être majoritaires et de gagner des élections sur des idées précises pour réunir un jour une « constituante »…

Conseils national et régionaux auront en outre la tâche, pendant les deux premières années de leur mise en place, de **préparer avec l'assemblée un projet de nouvelle constitution**, de 6ème République pour le pays. Ils tiendront des sessions communes spécifiques à tous les niveaux.

Pour les Esprits Libres, **la constituante est un processus** *de facto* à partir d'une proposition de volonté générale « majoritaire » dans le pays et l'assemblée des Conseils citoyens, peaufinera ce processus démocratique largement entamé. Pour devenir majoritaire cette proposition générale de 6ème République doit être clairement exprimée en amont, dès aujourd'hui, et gagner des élections. Dès lors l'assemblée législative issue de cette volonté et éclairée par les Conseils citoyens sera *ipso facto* constituante sur toute la législature.

―――――――――――――

8   Financement égalitaire, médias indépendants

Argent et démocratie
En introduisant un élément de démocratie économique dans la démocratie politique pour obtenir une démocratie vivante, il nous faut remettre en question la place prépondérante de l'argent dans le jeu politique aujourd'hui, dans les médias, les *think tanks*, les campagnes et les partis.
Les 10 % de français les plus riches donnent plus de 50% des dons et cotisations aux partis, le plus souvent à droite. L'État, le contribuable, rembourse à 66% par les réductions d'impôts aux donateurs. La moitié des Français les plus pauvres, non imposables, sont écartés de ce système de financement. Les pauvres sont exclus mais, par les impôts indirects, ils paient avec les classes moyennes pour que les plus riches financent leurs propres partis, généralement de droite, à moindre frais.
Le système de financement des partis est inique, inégalitaire à l'avantage des riches. L'État dépense autant en déduction d'impôts pour une toute petite minorité de riches donateurs que pour le financement direct des partis au prorata des votes et du nombre d'élus, autour de 65 millions d'euros par an dans les deux cas. Un euro en moyenne pour un citoyen classique et jusqu'à 5 000 € de remboursement par an pour les donateurs fortunés. Plus il y a d'argent injecté et plus il y a d'élus à la clé.
Le financement public direct est, lui, indexé sur le pourcentage de voix aux législatives et sur le nombre d'élus déjà obtenu. Difficile qu'émergent de nouvelles forces politiques non financées par de riches donateurs…

L'économiste Julia Cagé, auteure du *Prix de la démocratie* chez Fayard en 2018, propose de remplacer le financement des partis par un « bon pour l'égalité démocratique » annuel, anonyme et égalitaire de sept euros mis à disposition de chaque citoyen et alloué au mouvement politique de son choix. Nous sommes proches de cette proposition de financement équitable.
Nous proposons le financement suivant :
- la cotisation au parti, ne pouvant excéder 200 € par an. Exit les autres dons.

- 1,5 € par an pour chaque voix obtenue aux législatives.
- bon pour l'égalité démocratique, reprenant partiellement la proposition de Julia Cagé, pour un total de 5 € par an pour chaque citoyen, un bon de 3 € et un de 2 € pouvant être attribués à deux partis différents afin de faire émerger de nouvelles forces politiques, à glisser dans une enveloppe cachetée anonyme. Dans le cas où l'enveloppe n'est pas renvoyée, sommes non utilisées réparties au prorata des résultats des votes législatifs.
Annualisation du financement, financement stable, égalité stricte entre les citoyens.
Façon égalitaire de faire son choix tous les ans, de démocratie continue, de démocratie vivante.

« L'information est un bien public. Refonder la propriété des médias. »
Là encore ce titre du livre de Julia Cagé et Benoît Huet donne le ton de la nécessaire réforme pour démocratiser l'information et permettre aux citoyens de reprendre le contrôle des médias et confiance dans l'information. Huit industriels vont posséder la majorité des médias français. Face à cette concentration le pluralisme d'opinions est réduit et le débat public appauvrit. Les journalistes ne sont pas consultés lorsque leur journal est vendu. Un actionnaire peut interférer dans la rédaction et se débarrasser de journalistes. Bien public, la production de l'information doit être confiée à des journalistes disposant d'une véritable indépendance éditoriale.
Une **loi de démocratisation de l'information** doit permettre aux journalistes et aux citoyens de prendre le contrôle de médias indépendants gouvernés de manière démocratique et tournés vers la production d'une information de qualité.

Cette loi doit entre autres :
- Limiter la concentration des médias et le cumul des possessions.
- Prohiber le cumul médias et téléphonie aujourd'hui généralisé.
- Organiser et soutenir la mise en place et la détention de médias à buts non lucratifs non vendables.
- Réduire drastiquement la publicité dans le financement.
- Organiser la transparence de tous les financements.
- Protéger les journalistes. Leur donner du pouvoir avec 2/3 de

journalistes au minimum dans les conseils d'administration. Leur donner le droit d'agrément sur la direction et en cas de revente.
- Démocratiser et réglementer la gouvernance des grands groupes.
- Renforcer les pouvoirs du CSA.
- Limiter le pouvoir des GAFAM et leur faire rémunérer l'utilisation des contenus et extraits utilisés. Briser toute forme de monopole en garantissant la concurrence. Organiser l'équité fiscale avec les autres entreprises.
Les aides à la presse doivent être conditionnés à des critères d'utilité publique.
Des moteurs de recherche indépendants et de service public hors publicité doivent être créés.

9   Contre le mandat impératif et la révocation des élus

Avec un processus de démocratie vivante la révocation ou la reconduction des élus reste l'élection représentative devenue démocratique.

Chaque élu de l'Assemblée nationale est heureusement censé représenter l'ensemble de la nation et non ses électeurs ou sa circonscription et, à juste titre, la constitution interdit le « mandat impératif ». Mandat impératif ne représentant que certains électeurs sur un sujet déterminé à l'avance, sans garantie de procédures démocratiques.

Le vote étant anonyme et les élus n'appartenant pas à tels ou tels électeurs, la procédure de révocation donnerait à la majorité le pouvoir de se débarrasser des minoritaires gênants.
La révocabilité des élus ferait coïncider temps politique et temps médiatique empêchant l'élu d'exercer sur le long terme.
Élections, campagnes électorales s'avèrent toujours plus violentes et personnalisées fondées sur les affects destructeurs de vitesse, de divisions, de passions.

Un élu doit pouvoir travailler sur le long terme et ne doit pas se soumettre aux sollicitations de l'actualité, des faits divers, du ressentiment ou de l'indignation. Il ne doit pas être otage de tel ou tel groupe mais agir en son âme et conscience. Pouvoir écouter ses collègues, s'amender et modifier son point de vue, pouvoir se libérer du carcan de son parti, de la pensée dominante, de l'air du temps, des passions tristes et de l'ordre établi. Il doit pouvoir être et rester minoritaire, résister. Il doit vouloir agir, pouvoir agir et agir en esprit libre.
La révocation de l'élu existe, c'est l'élection.

_____

10   Contre les référendums et la « démocratie » référendaire

Le référendum, négation de la démocratie représentative et affaiblissement des corps intermédiaires
Il porte en lui la démocratie référendaire chère à l'extrême droite et aux populistes de tous bords. C'est le slogan populiste fasciste : « *Vos idées sont les nôtres !* », où le politique, pour le pouvoir, renonce à ses convictions quand il en a.
Lorsqu'il n'y a plus Dieu, le droit divin et le roi, les dictateurs et les régimes autoritaires cherchent une légitimité dans un « peuple » qu'ils inventent et dont ils font leur chose. Il s'agit de faire croire aux citoyens qu'ils s'incarnent dans un « peuple » qui existe dans un seul corps, une majorité, une nation, un État, une politique, un homme, un chef, un duce, un président tirant sa légitimité du suffrage universel, etc. Homme au-dessus de tout, des partis, des corps intermédiaires, des chambres, tel le roi représentant de Dieu sur terre. Un homme en lien direct et qui parle au nom du peuple pour finalement se substituer à lui, l'incarner, le bâillonner et l'étouffer. C'est le populisme et, dans les pires cas, le fascisme ou le social-fascisme.
Le référendum, comme l'élection monarchiste française, est d'essence droitière. Avec cette arme Napoléon enterre définitivement la Révolution et établit son Empire et le futur Napoléon III écrase la deuxième République.
Le bonapartisme, le gaullisme, l'extrême droite et l'extrême gauche sont partisans des référendums et la gauche et les écologistes n'y sont hélas pas opposés. Les Gilets Jaunes ne jurent même que par cela. Pour la famille néofasciste Le Pen, on gouverne à coup de référendums car on cultive par essence l'antiparlementarisme et on souhaite mettre à bas la République. Pour cette clique, du bonapartisme au duce, le chef est au-dessus des partis et en appelle directement au « peuple » pour écraser la démocratie. Ce sont les pleins pouvoirs qui sont ainsi demandés et qui deviennent la règle avec la satanique élection du duce, pardon du président de la République, au suffrage universel, le plaçant au-dessus de la légitimité parlementaire.

Extrême gauche, gauche et écologistes soutiennent les référendums d'initiative citoyenne, vieux serpent de mer, révélateur d'un déficit démocratique et terreau du référendisme. Le référendum c'est la tentative de la droite et des extrêmes de saboter l'Union européenne. C'était, hier encore, l'aéroport dément conforté en Bretagne, en Suisse le rejet du Revenu de base, en Islande la nouvelle constitution écrite par une assemblée populaire rejetée... Quels dégâts...

Le hold-up des « non » sur le référendum de 2005
La crise de représentation est totale, le régime et sa représentation sont illégitimes. Ainsi en 2005, une majorité va voter « Non » quand la totalité des partis démocratiques parlementaires appellent à voter Oui. Le fétichisme abject du référendum de 2005, soi-disant exemple de démocratie, dont se réclame l'extrême gauche a été « gagné » avec un apport considérable des voix de l'extrême droite du F Haine, sans compter les gaullistes canal historique, Dupont-Aignan, Boutin et autres notables droitiers, et les inénarrables communistes du « fabriquons français », eux qui avaient tant travaillé pour l'Est... Se réclamer d'une telle majorité est une honte. D'autant que des fédéralistes authentiques, dont je suis, ont aussi voté « Non » parce que le projet fédéral ne se donnait pas les moyens d'aboutir dans le projet constitutionnel proposé.
Depuis nous assistons à la récupération de ce « Non » par un front uni incluant les voix du F Haine devenu R Haine.
En réalité en 2005, le « Oui » démocrate a été largement majoritaire par rapport au « Non » démocrate. Ceux qui se flattent d'un « Non » majoritaire sont des alliés du F Haine, adepte du front uni avec lui et ne sont rouges que de honte.
En outre seuls deux pays ont voté contre quand tous les autres ont voté pour ! Où est la majorité ?

C'est encore avec l'arme du référendum que la droite française bonaparto-gaulliste légitime son coup d'État en 1958, puis assassine la République en 1962 en introduisant l'élection du président au suffrage universel. Le référendum appartient à la culture de droite. Le dictateur tente d'établir un lien direct entre l'invention qu'est le « peuple » et lui, en passant par-dessus les partis et les corps intermédiaires dont les contre-pouvoirs.

Donner toujours raison au peuple est la preuve que l'on a toujours raison puisque l'on représente ce peuple incarné.

Le référendum est le moment de la plus grande manipulation sur la question posée, sur qui la pose, sur à qui l'on s'adresse et à quel moment. Art de répondre par oui ou par non à une autre question que la question elle-même généralement mal posée. Avec le plus souvent autant d'arguments pour le oui que pour le non qui mériteraient une délibération sereine et une réponse nuancée, non-manichéenne pouvant être amendée.
Référendum piège à citoyens, plébiscite à disposition des puissants. Question le plus souvent manichéenne. Le peuple doit dire oui ou non et pas un mot de plus, puis se taire. Processus « Canada dry » de la démocratie. La manipulation des appareils d'État, médias, gouvernements, argent, machines à abrutir se met en marche. La population, dite « peuple », en sort divisée en deux camps hostiles. Un référendum peut être l'instrument idéal du populisme voire du fascisme. La conséquence d'un référendum est souvent une carte blanche pour le pouvoir renforcé devant un peuple divisé. Le oui plébiscite celui qui a posé la question et peut en faire un dictateur.
Le non peut aussi ne pas répondre à la question mais viser à se débarrasser du questionneur, exemple de de Gaulle en 1969. Ce peut être heureux, mais c'est vicieux. Parfois la question est évincée : « *Voulez-vous réformer le Sénat, sous-entendu : et sinon je m'en vais ?* », on répond « *Non car on est plutôt d'accord pour qu'en effet tu te retires.* ».
Si les citoyens étaient vraiment représentés par une Chambre paritaire et largement proportionnelle sans cumul des mandats, et par une deuxième chambre tirée au sort, nous aurions un avis plus avisé et plus fin que oui ou non, et un accord exprimé avec l'avis des citoyens réellement représentés et consultés.
Scrutin proportionnaliste intégral et pratique référendaire, associés à un régime fort ouvrent la voie au fascisme.

Démocratie vivante et apaisée d'un côté et démocratie référendaire de l'autre s'opposent et s'excluent. Les républicains et démocrates, les esprits libres ont tôt fait leur choix.

———————————

11   Parité, quel féminisme ?

À l'échelle de l'humanité la cause de l'émancipation des femmes est l'un des principaux leviers de la libération.
Pourtant souvent le mouvement féministe ne met guère en avant le combat contre la servitude volontaire et le combat pour l'autonomie politique, économique et culturelle.
Pas ou peu de revendication de **parité à l'Assemblée nationale**. C'est pourtant la mère des batailles et la moindre des choses si on se dit féministe.
Pas de revendication de parité à la présidence de la République, soit par la suppression de cette élection, soit par l'alternance paritaire.
Pas ou peu de dénonciation du mariage, instance d'aliénation par excellence des femmes, par les pouvoirs publics et de son instrumentalisation par les religions. Pas ou peu de dénonciation des **inégalités fiscales** entre mariés et célibataires.
Pas ou peu de dénonciation des **religions** le plus souvent instruments d'aliénation des femmes.
Pas ou peu d'attaques frontale contre le **voile**.
Pas ou peu de dénonciation de la **cohabitation**, vie sous un même toit, le plus souvent à l'avantage du plus fort physiquement, économiquement et socialement et, dans tous les cas, limitation à la liberté individuelle, souvent lieu de prostitution sociale, familiale, domestique.
Pas ou peu de revendication de **Revenu Citoyen** égal au seuil de pauvreté, individuel assurant une autonomie financière aux femmes souvent dépendantes économiquement des hommes.
Pas ou peu d'aide à l'**émancipation** des femmes et au planning familial dans les pays pauvres.
Pas ou peu de lutte pour la **légalisation contrôlée des prostitutions**, femmes et hommes.
Pas ou peu de revendication du **libertinage** au sens de l'émancipation.

La tribune « *Des femmes libèrent une autre parole* », publiée dans *Le Monde* du 9 janvier 2018, est une contribution au débat à prendre en compte et ne mérite nullement une levée de boucliers. Il est légitime de se défier de l'ordre moral, du

puritanisme, des intégrismes et totalitarismes religieux et politiques, de l'enfermement des femmes dans un rôle de victimes et de l'américanisation rampante.
Le titre étendard du hashtag « *balancetonporc* » est lourd comme une parole d'adolescent ou d'homme un peu éméché, de comptoir ou de sortie de stade. Nombre de femmes ne peuvent s'y reconnaître, nombre d'hommes ne peuvent cautionner. Cette histoire de porc vient cochonner la cause, ânerie qui rejoint la basse-cour de la volaille qui fait l'opinion. Dans l'histoire de l'humanité, l'assimilation d'individus à des animaux est de sinistre mémoire.
Face aux agressions et à la vulgarité, la femme n'est nullement tenue d'être aussi vulgaire que les agresseurs.
Pas gentil pour les porcs, à l'heure de la défense des animaux, quand la folie religieuse refuse de consommer cet animal quand pourtant dans le cochon tout est bon.
En janvier 2018, Philippe Lançon, dans sa tribune de *Charlie Hebdo* analyse le texte *Des femmes libèrent une autre parole* :
« *La plupart des femmes que je connais sont plutôt libres, féministes. Elles ont conscience de ce que peut endurer une femme au contact des hommes, puisqu'elles l'ont souvent vécu. Mais elles supportent mal* BalanceTonPorc *et* MeeToo *: ce n'est ni leur rhétorique, ni leur façon de penser ou d'agir. Et leurs rapports aux hommes, très divers, ne sont pas ceux qu'induit et que tente de normaliser ce mouvement. La tribune des deux Catherine, Millet et Deneuve et 100 autres femmes dont Catherine Robbe Grillet et Brigitte Lahaye, ne leur donne pas une voix, mais leur permet d'entendre une autre voix.*
Bien entendu, depuis sa publication, les signataires de cette tribune sont traînées dans la boue… C'est la musique de ceux qui parlent au nom du bien.
Il y a certes des maladresses dans la tribune, des subtilités qui, dans le contexte actuel ne peuvent être comprises ou admises. »
Par exemple, celle-ci : « Nous pensons que la liberté de dire non à une proposition sexuelle ne va pas sans la liberté d'importuner. Et nous considérons qu'il faut savoir répondre à cette liberté d'importuner autrement qu'en s'enfermant dans le rôle de la proie. » *C'est juste, mais ça ne l'est que théoriquement. Dans la vie, ça ne l'est que dans la mesure où la liberté de dire non, existe concrètement : on sait que dans les entreprises, les écoles, et*

même les couples, c'est souvent loin d'être le cas. Cependant je préfère toujours une maladresse qui me rend libre de penser à une injonction qui me l'interdit. ».

Les femmes, et les hommes solidaires, ont raison de se révolter contre les violences faites aux femmes, comme on a raison de se révolter contre toutes les violences faites aux dominés non consentants, aux faibles, aux minorités, aux femmes, aux hommes, aux enfants, aux animaux, à la nature… Les dénonciations, preuves à l'appui et portant sur des faits non prescrits, sont légitimes et nécessaires et ont leur place dans nos commissariats et devant nos tribunaux et nous devons les encourager. Le mouvement des femmes dans sa diversité est salutaire mais n'impose ni violence, ni vulgarité, ni franglais.

La contribution des Esprits Libres consiste à dépasser les clivages en insistant sur l'égalité politique femmes hommes… C'est en tant qu'esprits libres que les femmes, comme les hommes, veulent faire reculer la violence faite principalement aux femmes par certains hommes mais aussi toute violence dans les familles que ce soit contre les femmes, contre les enfants voire contre certains hommes.

Les femmes et hommes esprits libres veulent faciliter la parole et la prise en compte des plaintes des femmes agressées, instaurer la parité et mettre à bas les institutions réactionnaires. Un arsenal juridique existe mais il convient de le faire appliquer. L'arsenal politique laisse lui à désirer. Pour l'égalité femmes hommes, les Esprits Libres revendiquent la parité à l'Assemblée. Seule une assemblée paritaire femmes-hommes permet aux femmes de faire la loi à égalité avec les hommes, de changer la vision.

Pour l'égalité les Esprits Libres réclament un président simple arbitre alternant une femme et un homme. L'élection monarchiste, érection pestilentielle qui porte jusque-là un homme en monarque dominant notre Assemblée doit disparaître

Pour l'égalité femmes hommes, les Esprits Libres réclament des **Conseils citoyens** paritaires tirés au sort et doublant toutes les assemblées d'élus elles-mêmes paritaires. Pour l'égalité femmes hommes, les Esprits Libres réclament **l'abolition du mariage civil**, moyen essentiel de la soumission des femmes, sa non-reconnaissance par l'État et l'égalité en droits et en fiscalité entre célibataires et mariés.

Pour l'égalité femmes hommes, les Esprits Libres réclament des mesures laïques contre toute pratique religieuse et tout prosélytisme religieux qui remettrait en question cette égalité. Le foulard, si toléré dans la rue, doit être enlevé dans les lieux publics des services publics qui exigent la carte d'identité, postes, commissariats… et dans les lieux et accompagnements scolaires sanctuarisés. Foulards et couvre-chefs divers doivent également être enlevés par correction devant un professeur qui donne un cours, à l'université par exemple.
Pour l'égalité femmes hommes, proposons que la nationalité ne soit accordée qu'à ceux qui reconnaissent sur l'honneur la stricte égalité femmes-hommes et s'engagent à ne pratiquer et à ne se faire complice d'aucune discrimination sur cette question, qui reconnaissent le droit à l'avortement et à la contraception, les droits à l'homosexualité, tous les droits fondamentaux dont le droit à l'apostat, et considèrent que le blasphème n'existe pas.
Soyons et formons des femmes et des hommes esprits libres.

―――――――――――――――――

12   Fédéralisme et souverainisme européens

Nous sommes l'Europe
Au lendemain de la seconde Guerre mondiale, l'idée d'une Europe unie est fondée sur deux piliers : la paix autour de la démocratie, et la prospérité économique autour de la coopération des peuples et de la libre circulation des personnes. Ce modèle européen a inspiré de nombreuses organisations dans le monde.
La vision des Pères fondateurs de l'Europe s'est forgée contre les délires nationalistes qui avaient plongé le continent européen dans la barbarie totalitaire. Le fascisme en Italie, le franquisme en Espagne, l'hitlérisme en Allemagne, le stalinisme en Russie, et tous leurs avatars ont gangréné l'âme européenne. Nous voyons, aujourd'hui, certains illuminés nationalistes tentés par le repli qui voudraient rejouer les pires séquences de l'Histoire
La Communauté Européenne du Charbon et de l'Acier, CECA, imaginée par le ministre français Robert Schuman, et concrétisée par le Traité de Paris, entré en vigueur en 1952, demeure le trait de génie de l'Europe moderne.
La Charte des droits fondamentaux de l'Union, acquis social né de la construction européenne contemporaine, constitue le socle de nos libertés publiques dans le cadre de la citoyenneté européenne. Les Esprits Libres souhaitent un noyau fédéral européen, premier cercle de gouvernement politique européen, sur des bases démocratiques.

Les limites de l'Union actuelle
L'Union européenne actuelle, 27 Etats membres, possède schématiquement deux grands niveaux d'institutions : les organes de type fédération et les organes de type coopération entre États. Mais la frontière n'est pas claire entre ces niveaux et l'unanimité des décisions prévaut. Si tous les États ne sont pas d'accord, aucune orientation claire ne se dégage pour les grands projets communautaires. Cela freine les progrès démocratiques et la possibilité d'un vrai budget européen.
La Commission européenne n'est pas un vrai gouvernement mais une sorte de pouvoir d'initiative des lois européennes, se

situant à mi-chemin entre l'inter-étatisme et le fédéralisme. Les commissaires européens garants de l'intérêt général européen sont désignés par les Etats et soumis aux décisions unanimes du Conseil de l'Union, assemblée des chefs d'Etat et de gouvernement.

Les dirigeants des Etats membres, réunis par le Conseil de l'Union européenne déterminent les grandes orientations de cet espace de 500 millions de citoyens. Cet organe d'inspiration fédéraliste prend parfois ses décisions à l'unanimité, laquelle peut s'avérer facteur de lenteur et de blocage.

Néanmoins, pour la plupart des matières communes qui engagent la procédure législative ordinaire, 85 domaines de compétence en tout, le Conseil statue à la majorité qualifiée : 55 % des Etats membres, 15 sur 27, et au moins 65 % de la population européenne représentée. Chaque Etat membre dispose alors d'une seule voix et l'abstention compte comme un vote contre. Aujourd'hui, 80 % des actes législatifs de l'UE sont adoptés avec cette procédure : stratégie biodiversité, nouvelle PAC, transports, numérique...

Dans la pratique, le Conseil de l'UE décide souvent après des échanges bilatéraux entre dirigeants d'État. Échanges souvent négligés ces dernières années, malgré une rhétorique pro-européenne chez certains dirigeants comme E. Macron. Le jeu bilatéral de l'Union, qui ouvre des discussions préparatoires utiles, évite l'isolement d'un Etat membre ou la surprise collective au moment de la prise de décision formelle. L'échec de ce modèle pragmatique a été souligné par Luuk van Middelaar, dans son livre *Quand l'Europe improvise* en 2018. Exemple en 2015, le projet de répartition des réfugiés adopté avec la majorité institutionnelle, en conseil des ministres, mais avec l'opposition de la République tchèque, de la Slovaquie, de la Hongrie et de la Roumanie, fut un échec.

Le compromis entre dirigeants des Etats empêche de confier à l'Union les missions régaliennes et impose des négociations sans fin pour tenter de réguler des intérêts divergents. Le budget de l'UE représente à peine 1% des PIB des Etats membres, les programmes européens sont difficiles à mettre en œuvre dans bon nombre de régions européennes, notamment en France. En période de crise, la solidarité et le développement économique sont menacés par ce régime inter-étatique.

L'euro, partagé par 18 pays n'est pas une monnaie fédérale et reste un instrument sans politique économique avec 27 budgets nationaux et des économies concurrentes entre elles. L'euro-système, qui coordonne la banque centrale européenne et les banques centrales nationales, multiplie les plans de relance et les outils de contrôle bancaire mais la zone euro ne dispose pas de la capacité à investir pour les pays concernés. La banque centrale européenne est un organe fédéral comme le Parlement européen élu directement par les citoyens. Mais ces organes sont limités dans leur action.

Aimer la France, c'est aimer l'Europe
Le souverainisme européen est le seul souverainisme possible. Soyons les plus européens en revendiquant le **fédéralisme**. Le transfert de souveraineté au bénéfice d'une **souveraineté européenne** dans le concert mondial est le seul choix de force. Protectionnisme Européen, et non illusoirement national, en réponse aux protectionnismes. Un Etat européen, pris isolément, est aujourd'hui trop petit pour résoudre ses propres problèmes et faire face à la mondialisation. Rassemblons les écologistes, le centre et les libéraux politiques européistes de tous bords. Évoquons aussi les réseaux d'élus locaux qui discutent, à travers l'Europe, dans et hors Union européenne, par-delà les États, notamment au sein du Comité des régions qui fut l'un des premiers fondements d'une intention fédéraliste européenne. 2022 est une année charnière : année européenne de la jeunesse, année de la conférence sur l'avenir de l'Europe, année de la présidence française. Bonnes raisons pour s'interroger sur un nouveau saut fédéral possible.

Quels Etats-Unis d'Europe ? Quel fédéralisme ?
« Là où est le danger croît aussi ce qui sauve » (Hölderlin)
Les Esprits Libres proposent une consultation parlementaire dans tous les Etats membres qui se sentent proches de cette idée fédéraliste. Le peuple européen doit émerger concrètement et choisir son nouvel espace politique.

Les Etats fondateurs de l'Europe, ainsi que ceux qui adhèrent pleinement aujourd'hui à la zone euro, sont en première ligne pour réaliser cette fédération des citoyens européens. Dans ce premier cercle fédéral, la souveraineté sera renforcée par la communauté des intérêts ; les libertés publiques, garanties et affirmées par des institutions fédérales.
La zone euro est une base concrète de la Fédération. L'union bancaire, décidée par l'Europe actuelle, a ouvert le chemin. Mais cette union bancaire reste pilotée par les Etats membres Il nous faut une Cour suprême capable de produire la jurisprudence fédérale des valeurs de justice et de liberté, déjà inscrites dans les Traités européens.

Aujourd'hui, la coopération entre Etats impose des compromis bâtis sur des intérêts divergents, négociés par les dirigeants nationaux. Demain, l'Union fédérale mettra en œuvre la solidarité entre les citoyens sur une base démocratique :
▶ Une cour suprême à la portée de tout citoyen.
▶ Un gouvernement fédéral à la place de la Commission.
▶ Un parlement fédéral à l'initiative des lois.
▶ Un budget européen avec un impôt clairement identifié à la place des contributions des Etats et des taxes indirectement perçues par l'Union.
▶ Un gouvernement fédéral pour investir dans des filières d'avenir et harmoniser la fiscalité des entreprises.
▶ Une diplomatie et une défense fédérales

En s'attachant au bien commun et au Bien Vivre, nous redéfinirons la place de la régulation. Le fédéralisme, c'est la répartition claire des missions des différents niveaux de gouvernement dans le but de renforcer notre souveraineté commune dans un monde interdépendant.
Les futures institutions fédérales européennes doivent recevoir des compétences régaliennes, missions qu'un membre de la fédération est incapable d'assumer de manière isolée.
Les Traités actuels de l'UE permettent des coopérations renforcées et plusieurs Etats membres peuvent organiser un gouvernement économique et des institutions plus démocratiques. Proposons une coopération renforcée de type « union fédérale » avec les pays volontaires de la zone euro.

Pour une Europe à plusieurs niveaux
1 - Noyau fédéral de pays de la zone euro avec l'axe France-Allemagne autour d'un espace culturel européen, d'États Unis d'Europe. Parlement fédéral commun à Strasbourg.
Gouvernement économique commun de la zone euro, banque fédérale d'intérêt public. Harmonisation des fiscalités, Revenu Citoyen, taxation des flux financiers, lutte contre les paradis fiscaux et le pouvoir des banques. Défense commune forte permettant ensuite de quitter l'OTAN. Pas de livraison d'armes aux dictatures. Liberté, Égalité, Fraternité, Laïcité effectives. Défense de la langue française, de l'espéranto et des langues fédérales.
2 - Cercle d'union européenne large, actuel des 27, solidaire mais non fédéral, siégeant à Bruxelles, autour de la démocratie, de la coopération culturelle, économique et du libre-échange. Si nous avions mis en place ces deux niveaux, l'Angleterre n'aurait eu aucune raison de quitter l'Union large, elle pourrait y revenir et la Turquie pourrait y entrer à terme.
3 - Coopérations renforcées entre le niveau fédéral et tel ou tel pays du cercle large permettant de fédérer partiellement.
Face aux nationalismes, **un noyau fédéral européen fort** peut seul pratiquer un souverainisme européen fort dans le concert des nations et dans un rapport d'égal à égal avec les autres entités mondiales. Ceux qui nous parlent d'un souverainisme national, pseudos souverainistes nationalistes et populistes des deux extrêmes, LFI, LR, RN en particulier, nous bercent d'illusion car un État isolé n'a aucun moyen d'exercer un véritable souverainisme. Le fédéralisme est notre avenir car il est notre seule force possible dans un cadre démocratique.

Dans le monde globalisé, l'Union fédérale pèsera sur la scène internationale en disposant de missions régaliennes, une diplomatie et une armée communes et une fiscalité unifiée.
Un parlement fédéral rassemblant les députés européens des pays fédérés siègera à Strasbourg et aura l'initiative de projets de lois fédérales. Un conseil fédéral sera formé par les représentants de chaque État fédéré dans l'Union fédérale. Il fera émerger un gouvernement socio-économique, avec un projet d'harmonisation fiscale et d'investissement dans des secteurs clés comme l'énergie et les transports.

Politique économique fédérale soutenue par un impôt fédéral permettant un budget européen et un Revenu Citoyen européen commun forgeant l'unité du peuple européen. L'Union fédérale mettra en œuvre, sur des bases démocratiques, la solidarité effective entre ses membres en rendant lisible les ressources et les décisions prises en commun.

Front démocratique, une autre politique internationale
La politique internationale exige un grand art de gouverner. Les principes que nous retenons sont relativement simples dans une configuration des plus complexes.
Principe d'indépendance et de souveraineté européennes qui ne peuvent plus se situer sur le plan national trop étroit, trop faible. Ce fédéralisme permettra d'envisager la sortie de l'Otan lorsque l'armée européenne sera suffisamment forte mais surtout pas avant, tout au contraire.
Un autre principe, lié à cette souveraineté européenne, doit nous engager dans une double articulation : Croissance des échanges et de la coopération avec les pays démocratiques, décroissance des échanges et dépendances avec les dictatures.
Droits démocratiques, éducation des populations et des femmes en particulier, planning familial, éradication de la pauvreté, climat, laïcité et culture française et européenne sont à défendre. Le front culturel et politique mondial des pays démocratiques doit être activé et le redéploiement économique doit l'accompagner. Configurons-nous en reconsidérant nos échanges et notre production de sorte que nous ne dépendions le moins possible de pays non démocratiques. Pour compter, comptons ensemble.

Moins échanges et indépendance vis-à-vis des dictatures
Quelques questions vives constituent notre détermination :
- Méfions-nous de la route de la soie. L'Europe doit cesser les concessions territoriales et autres aux pays non démocratiques. Les ventes du Pirée ou d'aéroports, de vignes, de bâtiments, de terrains, le transfert de technologies doivent être impossibles avec effet rétroactif.
- Taïwan doit être reconnue dans son indépendance si les autorités démocratiques de ce pays nous le demandent. Nos accords politiques, culturels, militaires avec ce pays doivent être renforcés de sorte que son intégrité ne puisse être mise en cause

par l'impérialisme dictatorial du Parti Communiste Chinois illégitime parce que non issu d'élections démocratiques. Le sort de l'humanité se joue sur le climat mais aussi sur la question essentielle de Taiwan. Ne lâchons pas Hong Kong qui doit devenir la honte du PCC et permettre sa mise au ban de la communauté internationale : « *L'impérialisme est un tigre en papier.* » Mao Tsé Toung.
- Renforçons la défense de l'Ukraine avec la plus grande fermeté et gardons la question de la Crimée à libérer au centre de nos préoccupations avec des sanctions maintenues.
Lors du mémorandum de Budapest de 1994, États-Unis Royaume Uni et Russie, suivis par la Chine et la France se sont engagés, en échange de sa dénucléarisation, à garantir sécurité, indépendance et intégralité de son territoire à l'Ukraine.
- Les droits politiques et sociaux, l'éducation des femmes et le planning familial et l'aide aux forces démocrates et laïques doivent être au premier rang de nos préoccupations dans la coopération avec l'Afrique afin de limiter la pauvreté, les naissances et l'immigration clandestine et afin d'avancer vers l'émancipation des peuples d'Afrique des pouvoirs dictatoriaux s'appuyant bien souvent sur les religions et trop souvent sur nos armes et notre complicité néocoloniale.
- L'immigration clandestine ne doit pas exister, ni être ratifiée par des régularisations ou camouflée par un regroupement familial laxiste. Elle doit être concurrencée par une immigration légale généreuse organisée en partenariat avec les collectivités locales demandeuses.
Le droit des étudiants à étudier dans notre pays doit être renforcé et assorti de garantie de retour au pays afin de renforcer tant les pays d'origine que notre propre culture.
- Au Moyen-Orient nous devons cesser, comme ailleurs, d'armer les dictatures et ne pas entrer dans les querelles d'obédiences religieuses. La reconnaissance d'Israël et son droit à la paix doivent être accompagnés de celle d'un État palestinien indépendant et du retrait des colonies.

Échanges et coopération avec les pays démocratiques
Toute la relocalisation économique, culturelle, scientifique, nécessaire à notre indépendance, doit se faire en harmonie avec les pays européens et avec le front démocratique mondial à

construire. Les coopérations doivent être renforcées et soutenus avec les pays scandinaves, le Canada et les États démocratiques d'Amérique et d'Afrique, la Nouvelle Zélande, l'Australie, la Corée du Sud, Taïwan, l'Angleterre et tous les autres pays démocratiques.

Capacité offensive et protection informatiques
Un effort particulier doit associer notre recherche et notre défense à une capacité informatique démultipliée. Cela passe par l'indépendance de nos réseaux sociaux vis-à-vis des intérêts capitalistiques et des puissances étrangères et par nos capacités défensives et offensives.
Droits de l'humain, climat et Bien Vivre, culture, santé, recherche, recul démographique, indépendance et coopération doivent orchestrer cette nouvelle façon de concevoir les relations internationales visant à isoler les dictatures aujourd'hui majoritaires. Redistribuons les cartes et inversons la tendance par notre volontarisme et notre créativité démocratiques face aux morbides fanatismes religieux et au productiviste, cupide et destructeur, qui arme les dictatures et s'arrange avec.

Réformer la France pour réformer l'Europe
À considérer nos régimes nationaux, il est bien logique que l'Union européenne de ces régimes ne soit pas parfaite. Pour une Europe meilleure, commençons par réaliser une France meilleure car notre pays est aujourd'hui un professeur par l'exemple négatif avec un Parlement bien moins représentatif que le Parlement européen plus démocratique, féminisé et écologiste que le nôtre. Aimer l'Europe, vouloir l'Europe c'est commencer par changer la France afin qu'elle ne soit plus une monarchie présidentialiste et devienne une démocratie vivante apte au fédéralisme européen. La France, pseudo démocratie, se porte volontiers en donneuse de leçons, mais fournit un contingent non négligeable de nationalistes, de poutiniens, de populistes au Parlement européen. Si « aimer la France c'est aimer l'Europe », changer l'Europe, c'est d'abord changer la France vers une 6ème République.

L'échiquier politique n'a pas été capable de contrarier le Brexit en modifiant l'offre européenne par des cercles, l'un fédéral avec le noyau des six pour base et un autre pouvant convenir à l'Angleterre. Pas capable non plus d'appréhender en son temps un possible second référendum revenant sur ce Brexit.

Réaffirmons le fédéralisme, adapté à un noyau, revenant sur la règle de l'unanimité et adoptant des règles fiscales et une défense communes, d'affirmer, en la constatant, l'impossibilité d'une souveraineté nationale et la volonté de souverainisme européen. Volonté d'unir les peuples et les pays et régions par la culture plus que par le marché.

Que vive l'Europe des lumières, Europe culturelle, Europe laïque, Europe démocratique, fédérale, sociale et écologique, Europe d'esprits libres.

Que la gauche, le centre et l'écologie se retrouvent européistes plaidant pour un **noyau fédéral** dans une Europe politique et culturelle. Le « souverainisme » national est leurre, mensonge, fable, impasse, impossibilité matérielle étant donnés les rapports de force. Que seraient nos pays européens isolés sans intégration dans un ensemble fédéré ? Une proie facile et impuissante face aux mastodontes américain, russe, chinois, indien. La souveraineté sera européenne ou ne sera pas. Plaider pour le souverainisme national constitue une trahison qui réduit la France à l'impuissance dans le concert des nations.

Le fédéralisme, honni des extrémistes et/ou centralistes jacobins est le seul moyen politique pour chaque entité de rester souveraine dans l'association. Le fédéralisme permet à la commune d'être souveraine sur les questions communales, à la région d'être souveraine sur les questions régionales, à la nation d'être souveraine sur les questions nationales, au noyau fédéral européen d'être souverain sur les questions mondiales.

Le fédéralisme d'un noyau fédéral autour des pays fondateurs et de l'axe France-Allemagne s'impose devant la nouvelle situation internationale et le sentiment communautaire remonte face aux nationalistes populistes dont l'extrême droite reste la valeur sûre et dont les divers « souverainistes nationaux », de droite ou rouges bruns, ne sont que les idiots utiles.

Faire évoluer l'Europe ce n'est la tenir pour bouc émissaire de nos propres incapacités à changer notre république.

On retiendra « *Changer l'Europe, c'est possible* », analyse de Thomas Piketty en cohérence avec les propositions d'un cercle fédéral européen et l'éditorial de Laurent Joffrin dans *Libération*, « *Europe, reprendre le contrôle* ».

Clamer qu'il s'agit de quitter l'Europe si elle ne change pas à nos conditions, c'est dire qu'il faut quitter la France parce que le gouvernement ne nous plaît pas. Nous sommes à l'intérieur de l'Europe, condamnés à être européens comme à la liberté, et nous devons la faire progresser en commençant par changer l'élément que nous sommes et qui la constitue.

Nous voulons un parlement commun à Strasbourg autour du noyau fédéral des pays fondateurs et de l'axe France-Allemagne à côté du Parlement de Bruxelles, une Europe de la défense et un traité énergétique et budgétaire.

———————————

13 Simplification administrative, fédéraliste, libertaire, girondine

Le département doit subsister comme simple circonscription de la région cessant d'être un échelon administratif et entraînant la suppression des 90 Conseils départementaux. Départements devenant des entités, circonscriptions touristiques, historiques, culturelles, non administratives, composant une région.
Les départements constituent des circonscriptions électorales pour l'élection régionale. Les Assemblées régionales siègent en plénières ou en commissions départementales.

La 5ème République, à bout de souffle, se trouve dans l'impasse et, économie oblige, doit passer sous les fourches caudines de la simplification administrative. Le système va devoir se tirer une balle dans le pied, se passer de la vache à lait que constituent pour les partis les Conseils départementaux, singularité française, couper la branche du millefeuille administratif sur lequel il est assis. Brèche dans la 5ème République et ouverture, de facto, vers une 6ème République ouverte, démocratique et efficace. Région et intercommunalité devenant les deux échelons de compétence locale. La montée en puissance du fait régional, soutenue par les programmes européens, est une bonne nouvelle. L'objectif est la suppression des Conseils départementaux, assemblées départementales, et la réintégration de l'action départementale du service public vers les autres niveaux de compétence.

Le conseil départemental gère actuellement la distribution des allocations de solidarité comme le RSA et les réseaux d'infrastructures, routes, internet haut débit. Le reste est pris en charge ou partagé largement avec la région et l'intercommunalité.
L'instauration du Revenu Citoyen, qui remplace la plupart des allocations actuelles, et la péréquation fiscale en direction des territoires, relèvent du niveau de l'État. La montée en puissance des régions et la rationalisation des compétences doivent conduire la réforme.
Avant même l'instauration du Revenu Citoyen qui supprime

l'assistanat, il serait judicieux de laisser l'État reprendre la gestion des allocations solidaires en renforçant le rôle de la Caisse d'allocation familiale. De l'autre, affirmer la région comme pilote de l'action économique et du développement territorial. La région doit assurer l'ensemble des compétences liées à la formation et à l'aménagement des enseignements, collèges notamment et la gestion des aides européennes destinées aux investissements dans les territoires.

L'intercommunalité assumerait, pour sa part, l'aménagement des zones d'activité, les infrastructures routières, en captant notamment la dotation globale de fonctionnement versée par l'État, dévolue aujourd'hui aux communes. Intercommunalité pivot de l'action culturelle locale et du développement touristique et soutenant les acteurs de terrain, associations notamment.
Impôt régional clarifié et impôt intercommunal simplifié pour les entreprises et les particuliers.

La création d'un noyau fédéral européen et cette régionalisation du pays sont, avec la fin de la monarchie centralisatrice, de bonnes bases ouvrant au fédéralisme en tant qu'organisateur de la cité dans la perspective girondine, libérale et libertaire.

---

14 Leurre de la démocratie participative

Démocratie participative, le pire et le meilleur
Nous concevons la 6ème République comme une démocratie vivante délibérative, représentative et citoyenne. La participation citoyenne est à considérer dans toutes ses dimensions.
La citoyenneté était un métier à Athènes. Le citoyen est responsable de la politique, organisation de la cité. Son expérience quotidienne et ses engagements culturels, associatifs, professionnels, familiaux et autres lui confèrent un bon sens, un savoir d'usage, une expérience et une expertise que la collectivité doit mettre à profit. Soutenons les projets citoyens associatifs et alternatifs qui enrichissent le débat et éclairent les décisions autant que les experts traditionnels culturellement déterminés, souvent partisans ou affiliés à des intérêts économiques ou sociaux ou des logiques bureaucratiques et financières à court terme.

Concernant la démocratie locale et la démocratie participative, les Esprits Libres s'inspirent en particulier de réflexions et propositions de Marion Paoletti, enseignante à Bordeaux.

LE PIRE :
De la complexité
On préfère aujourd'hui la représentation et la délibération mûrie et longue à la participation car en raison du rythme, de la croissance, de la technicité des décisions à prendre, en fait seule une minorité de citoyens, retraités et militants surtout, participe et seuls des petits groupes ou des exceptions atteignent le niveau de professionnalisation des politiques. Ces minorités tendent à rejoindre la politique professionnelle et les procédures participatives à dériver vers le clientélisme et le lobbying.

De la démagogie
Fourre-tout de la pensée, leurre, miroir aux alouettes, l'appel à la démocratie participative dans le cadre de la 5ème République est souvent mollesse et tromperie. Sur le terreau du désengagement politique et syndical, Il y a souvent dans l'apologie de la démocratie participative un renoncement plutôt qu'une perspective d'engagement citoyen. Le dispositif de participation

est instrumenté par le pouvoir en consultations alibis et le citoyen n'est associé, ni à la délibération, ni à la décision.

La pente, participative, directe et référendaire
Le pire est la démocratie référendaire chère aux démagogues de gauche et de droite. Le référendum devient la méthode de gouvernement, façon de démocratie directe passionnelle, médiatique, sondagière, populiste, néofasciste, démagogique, manichéenne, braderie et caricature de la démocratie.

LE MEILLEUR :
La dimension participative de la démocratie représentative n'a de sens qu'intégrée à une vision globale et ne saurait faire l'économie d'une nouvelle République afin de sortir de la participation infantilisante et technocratique de la 5ème République.
C'est le développement d'une culture civique et participative qui multiplie les situations où les citoyens jouent un rôle actif.
L'élu met en œuvre **la délibération** et la légitimité de la décision politique dépend largement de la procédure qui la produit. La participation des citoyens ne remet pas en cause la représentation et le travail des élus. Une bonne représentation vaut mieux qu'un leurre de participation.
La démocratie représentative ne doit pas être un quatrième pouvoir aux côtés du législatif, de l'exécutif et du judiciaire. Elle consiste à donner un caractère citoyen à ces pouvoirs.

Le dispositif proposé :
Les Conseils citoyens tirés au sort et doublant les assemblées élues constituent l'ossature de notre proposition de citoyenneté. Mettons à leur disposition les dispositifs existants : les budgets participatifs, les cours des comptes nationales et régionales, les conseils de développement dans les conseils d'agglomération et de pays, les conseils de quartier dans les grandes villes, ateliers d'habitants, commissions extra-municipales, conseils municipaux de jeunes, etc. Il s'agit de renforcer le pouvoir des citoyens, en garantissant l'égalité dans l'accès à l'information et les échanges entre citoyens, experts et élus. Allégeons, simplifions, rendons durable la participation citoyenne hors de la manipulation, du populisme, de l'électoralisme, des sondages et des comités inutiles.
Généralisons également le dispositif CICA, Comité d'initiative et

de consultation d'arrondissement, permettant à tout citoyen associatif d'un arrondissement de Paris, Lyon et Marseille de venir parler avec le Conseil d'un sujet de son choix et de demander à ce Conseil de voter sa proposition.

Démocratie locale, la France mauvaise élève de l'Europe
En Europe, la démocratie participative s'expérimente et les pouvoirs locaux évoluent vers plus de clarté et plus de responsabilité. Tendance européenne au non-cumul, à l'élection directe du maire, à des équipes collégiales de direction. En Europe, le maire et parfois les adjoints, ne siègent pas forcément dans le conseil qui est indépendant, contrôle et propose. En France nous constatons la stagnation démocratique, la démocratie délibérative en voie d'extinction et une démocratie locale indifférente au contexte européen :
- Morcellement en 90 départements inutiles et plus de 36 000 communes.
- 6ème République, démocratie confisquée en trompe l'œil.
- Cumul des mandats locaux et nationaux. Notabilisation et vieillissement du pouvoir.
- Exécutifs locaux ultra-présidentialisés. Statut et fonction des maires, élus au second degré, mimant le présidentialisme généralisé de la 5ème République.
- Concentration des fonctions et pouvoirs exécutifs et délibératifs, maire irrévocable tout puissant, chef du Conseil municipal, chef des adjoints qu'il nomme et révoque.
- Conseil corseté par le maire et ses adjoints. Opposition peu représentée, dose de proportionnelle et statut de l'élu négligeables.
- Deuxième, voire troisième, degré électif, la coopération intercommunale achève de dépolitiser la gestion locale. Budgets et attributions des compétences opaques doublant les administrations communales.
Le citoyen dépossédé de la démocratie n'identifie pas les complexes niveaux administratifs. Il n'utilise guère les commissions extramunicipales et les conseils de quartiers et se détourne des élections.

15   Pour la démocratie délibérative

Outre les Conseils citoyens tirés au sort y compris au niveau municipal afin de doubler les Conseils municipaux il s'agit de permettre à chaque citoyen de s'exprimer.

Nous proposons que le bulletin d'informations municipales, ouvert à l'opposition, intègre **une page blanche** à remplir et à plier en lettre en retour prépayé à la mairie. Chaque citoyen habitant peut ainsi remplir cette page de questions, propositions, doléances touchant à une question générale ou particulière.
La page comporte une option affichage public et numérique même si le virtuel ne remplace jamais la relation directe.
Les pages reçues par la mairie, si elles ne comportent pas d'insultes ou de menaces, sont acheminées aux services concernés et affichées dans une salle publique citoyenne dédiée accessible aux citoyens et à la presse et sur le site municipal si l'option affichage a été activée.
La Convention citoyenne reçoit également le double de ces lettres. Les services ont obligation de réponse et les affichent.
L'espace citoyen anime le débat public de la cité par des écrits alimentant l'exposition *dazibao* municipal.

La démocratie vivante locale délibérative s'appuie sur le Conseil citoyen municipal tirée au sort, sur la représentativité des élus du Conseil municipal élu, et sur la citoyenneté.

Cette **citoyenneté** repose sur la coopération et le dialogue entre habitants, agents, élus et tirés au sort et s'active par le journal municipal et sa boîte à idées, l'éducation à la citoyenneté et les informations sur le fonctionnement de la démocratie locale. Éclairage sur les enjeux, publicité et transparence des délibérations et décisions du Conseil municipal élu et du Conseil citoyen tiré au sort, boîte à idées et salle citoyenne ouvertes.
Nous constatons la méconnaissance, de la part du citoyen, du rôle et du fonctionnement de sa mairie ou de sa métropole comme on constate le déficit de formation ou de disposition

naturelle d'agents pour les relations humaines et la communication y compris dans les services d'accueil.
Les services techniques et les agents territoriaux sont au cœur de la cité. L'évolution des statuts de ces fonctionnaires, la réforme de la formation au sein des administrations municipales et intercommunales, l'innovation sociale permanente permettant de laisser s'exprimer des idées neuves chez les agents pour mieux effectuer leur travail, voire suggérer des politiques publiques aux élus, la digitalisation des données publiques au service des habitants sont des éléments clé pour faire progresser la vitalité démocratique.

Statut de l'élu, non cumul des mandats, adjoints de l'opposition, travaux du Conseil en deux temps, avec et sans maire et adjoints, présence en son sein de citoyens tirés au sort en fonction du nombre des votes blancs si notre mode de scrutin reconnaissant les votes blancs est adopté, présidence de communautés urbaines neutre et arbitrale sans droit de vote, non présidentialisée, paritaire alternant femmes et hommes.

———————————————

16   Avec Anticor

Pour des conseils régionaux et départementaux éthiques
Nous ne pouvons que reprendre les propositions, résumées ici, de l'association Anticor de lutte contre la corruption :
« Nombreux principes déontologiques sont déjà contenus dans la loi ». « Charte de l'élu » lue lors de la première séance du conseil et copie transmise à tous ses membres.

« UNE ORGANISATION PLUS ÉTHIQUE DU CONSEIL
1. Comité d'éthique, *incluant des élus n'appartenant pas à la majorité et des citoyens, chargé de contrôler le respect des engagements et de faire des préconisations.*
2. Déontologue. *Référent indépendant du conseil, chargé de délivrer des conseils déontologiques aux agents publics et aux élus. Diffuser son rapport annuel.*
3. Gestion des alertes. *Dispositif d'alerte interne garantissant la confidentialité et sensibilisation des agents et élus pour éviter des représailles contre les lanceurs d'alerte.*
4. Formation *des élus et agents aux obligations de probité.*

DISPONIBILITÉ ET INTÉGRITÉ DES ÉLUS
5. Non-cumul. *Comme les parlementaires, les titulaires de fonctions exécutives du conseil n'auront pas en parallèle de mandat de maire d'une commune de plus de 9.000 habitants ou d'autres mandats nationaux. Le président du conseil n'effectuera pas plus de deux mandats consécutifs.*
6. Indemnités *modulées en fonction de la participation effective aux séances plénières et aux commissions. Indemnités et assiduité rendues publiques.*
7. Mise en examen. *Suspension des délégations d'élus mis en examen pour atteinte à la probité.*
8. Condamnation. *Retrait des délégations à tout élu condamné pour atteinte à la probité.*

PRÉVENTION DES CONFLITS D'INTÉRÊTS
9. Déclaration d'intérêts *demandée en début de mandat et lors de changement de situation, aux élus avec ou sans délégation.*
10. Déports. *L'élu qui a un intérêt direct ou indirect dans un*

projet ou une décision publique ne participe ni au vote, ni aux débats, ni aux divers actes préparatoires, à fortiori concernant les recrutements ou l'attribution de subventions.
11. Lobbying. *Rendre publiques les rencontres des décideurs et des élus du conseil régional et départemental avec des représentants d'intérêts dans un agenda ouvert.*
12. Cadeaux. *Interdire aux élus d'accepter tout cadeau ou avantage d'un représentant d'intérêts.*

RECONNAISSANCE DU RÔLE DES ÉLUS MINORITAIRES
13. Information. *Leur assurer un droit effectif à l'information, accès aux documents et informations préparatoires.*
14. Expression des élus. *Leur permettre d'exercer un droit effectif à l'expression dans les diverses publications de la collectivité y compris sur le site internet ou les réseaux sociaux.*
15. Finances. *Proposer la présidence de la commission des finances à un élu n'appartenant pas à la majorité.*
16. Marchés publics. *Associer ces élus aux phases de négociation prévues dans les procédures d'attribution des marchés publics, de contrats de concession et de désignation des membres non élus de la Commission consultative des services publics locaux.*
17. Formation. *Encourager tous les élus à exercer leur droit à la formation, notamment en matière de prévention des atteintes à la probité et vérifier leur assiduité.*

TRANSPARENCE DE L'ACTION PUBLIQUE
18. Répertoire. *Appliquer le code des relations entre le public et l'administration (CRPA). Mettre en ligne un répertoire des informations publiques s'agissant des documents importants : délibérations, arrêtés réglementaires, comptes-rendus des séances, rapports des concessionnaires, rapports annuels sur le prix et la qualité du service, observations de la chambre régionale des comptes, liste des organismes formateurs, contenus des formations, montants versés, etc…*
19. Bases de données *accessibles et mises à jour.*
20. CADA. *Suivre les avis de la Commission d'accès aux documents administratifs.*
21. Avantages. *Mettre en ligne la liste des élus et agents bénéficiant d'un logement ou d'une voiture de fonction.*

22. Collaborateurs. Mettre en ligne le nombre, la fonction et la rémunération globale des collaborateurs de cabinet.
23. Contentieux. Mettre en ligne les décisions de justice concernant la collectivité et les frais d'avocats engagés.

CONTRÔLE DE L'ACTION DU CONSEIL
24. Commande. Commission de suivi des contrats de commande publique, qui examinera notamment tous leurs avenants et contentieux, également chargée de publier les titulaires des marchés publics de tous les montants.
25. Dépenses. Instaurer un service d'audit interne surveillant notamment les dépenses liées à la communication, aux voyages, aux réceptions, aux frais de bouche et aux invitations.
26. Subventions. Instaurer un contrôle effectif du suivi des aides et subventions de tous ordres. Mettre en ligne une base de données ouverte facilement accessible réunissant les décisions d'attribution de subventions ou d'aides de la collectivité, accompagnées lorsque les seuils sont atteints, des conventions d'objectifs et de moyens et des comptes rendus financiers.
27. Justice financière. Suivi des recommandations des Chambres régionales des comptes en publiant leurs rapports sur le site internet de la collectivité.

PARTICIPATION DES CITOYENS AUX DÉCISIONS LOCALES
28. Participation. Associer les citoyens aux projets importants de la collectivité par le biais de consultations ou de référendums locaux et permettre l'expression de chacun.
29. Expression citoyenne. Garantir l'expression de tous les points de vue lors des procédures d'expression citoyennes.
30. Charte. Inscrire les présents engagements dans une charte éthique adoptée en séance de l'assemblée délibérante et annexée au règlement intérieur. »

17   Se défier de l'opinion majoritaire

Pour mener sa vie, accomplir un acte, avoir une opinion, adopter une attitude, il n'y a pas de voies tracées ou divines, ni de préceptes, de règles ou de maîtres. Nous sommes livrés à nous-mêmes, à notre culture, à notre expérience.
Pourtant il y a une précieuse indication qui nous indique parfois le mauvais chemin.
La voie suivie par le plus grand nombre, l'opinion du plus grand nombre, de la majorité, de la masse est souvent une mauvaise voie, une mauvaise attitude qu'il convient de ne pas suivre.
S'agit-il forcément adopter la voie exactement contraire ou d'aller toujours contre l'opinion du plus grand nombre ? Non, mais il s'agit de ne pas la suivre *a priori*.
Pourquoi la majorité a souvent tort nous menant dans une impasse ?
Considérons que l'identité d'un individu, d'un être et, *a fortiori*, d'un citoyen, se résume à sa singularité. C'est considérer l'existence comme une œuvre d'art et nous considérer comme des artistes de notre propre existence, des auteurs du roman de notre vie. Notre identité se résume et réside, pour ce qui la distingue, dans la somme de nos singularités. Le reste est soumission à un ordre établi dont la fonction est le plus souvent de tuer les singularités, les identités.
Comment se forge l'opinion publique, la pensée dominante ?
Par la somme des renoncements individuels, par l'aveuglement des foules, par le mimétisme, la lâcheté, la peur, l'idéologie, le conformisme, la mode, l'imitation, la cupidité et autres veuleries. Penser comme tout le monde c'est cesser de penser.
La masse est souvent lieu de perdition de l'être. Il convient de s'en distinguer autant que faire se peut, dans le cadre de la préservation de notre être et du bien commun. Cela n'est pas nécessairement héroïque. Parlons de vigilance, de prudence, d'authenticité, d'une vertu profonde, d'une générosité consistant à garder intacts notre singularité et notre engagement permanent.
L'artiste ne peut que se distinguer, il ne peut se fondre. L'œuvre d'art ne peut copier, elle est singulière et étonnante. Idem pour l'individu et/ou le citoyen artiste de sa vie et de sa cité.

La servitude volontaire consiste à croire, ou à feindre de croire de mauvaise foi, que l'opinion commune est une opinion qui nous appartient en propre qui garde intacte notre liberté et notre singularité. C'est renoncer à être soi, à être tout simplement, renoncer à se distinguer.

L'opinion commune se forge en tuant les singularités et ne subsiste que le plus petit commun dénominateur d'une pensée assassine de ces singularités. L'opinion majoritaire, du grand nombre, du pouvoir ou de la masse, est l'oraison funeste de notre singularité et de notre liberté. Elle doit être combattue le plus souvent, méprisée parfois, mise en doute toujours.

L'opinion majoritaire n'est en réalité pas une opinion réfléchie et fondée. Elle n'est pas humaine en ce qu'elle n'est que le moule, que le rouleau compresseur à broyer les identités, les opinions de chacun. Si l'intérêt général n'est, heureusement, jamais la somme des intérêts particuliers, l'opinion de la majorité n'est pas la somme des opinions individuelles mais seulement leur plus petit commun dénominateur, un appauvrissement. L'opinion majoritaire ne reflète aucune opinion individuelle sauf celle du guide suprême en cas de dictature.

L'opinion de la masse, dominante, de l'ordre établi, est un professeur par l'exemple négatif qu'il convient de ne pas suivre. Bonne indication pour mener sa vie.

Souvent l'opinion de la masse majoritaire, majorité silencieuse, conforte le pouvoir et nous devons résister et nous distinguer devant l'un et l'autre, dans un même mouvement réflexe et raisonné. Parfois la masse se heurte au pouvoir et nous sommes alors en présence de deux écueils, deux pièges : servir le pouvoir, un crime ; suivre la masse, une faute. L'effort existentiel consiste, quand les monstres s'entretuent à ne pas s'aligner sur l'un d'eux, à garder son « Kant » à soi…

Les minorités méritent souvent notre faveur car elles sont le plus souvent opprimées par la majorité ou le pouvoir. Ce dans la mesure où elles n'ont pas une visée hégémonique ou identique à ce qu'elles combattent. Une guerre de religion est une guerre entre deux monstres. Un conflit entre un patronat cupide et un syndicat productiviste l'est autant. Les ennemis de nos ennemis ne sont pas forcément nos amis. Pour autant la juste revendication de conditions correctes et écologiques de production est une voie à suivre.

De nous-mêmes nous constituons une minorité et devons le rester. Une excellente chose serait que les institutions fassent la part belle aux minorités. Une des conditions pour qu'une majorité soit légitime exige que les conditions de l'alternance existent pleinement c'est-à-dire qu'une minorité puisse aisément devenir la plus forte minorité à qui l'on confère un droit de gouverner par le correctif majoritaire du second tour de scrutin.
Parenthèse, et exemple dramatiquement proche, ce n'est en rien le cas sous la 5ème République avec son régime de monarchie présidentialiste tout à l'avantage des appareils partidaires de droite et de gauche ou des deux « en même mauvais temps », monstres politiques fondés sur le pouvoir personnel, illégitimes et qui cautionnent ce régime. Là, pas d'alternances véritables mais une succession de partis monarchistes au pouvoir.
Pour d'autres régimes, plus démocratiques sur ce point, en Allemagne ou en Scandinavie par exemple, cette condition est mieux remplie mais d'autres conditions manquent à l'appel. Ajoutons que la légitimité d'un pouvoir ne signifie jamais qu'il faille le suivre, le servir ou l'approuver forcément.

Dans une élection celui qui a voté pour le vainqueur doit prendre cela gravement et s'interroger sur sa part de servitude. Le plus souvent c'est une bonne nouvelle pour lui et le vainqueur mais une mauvaise nouvelle pour notre humanité. Autre exemple proche : tous ceux qui appartiennent à la majorité des abstentionnistes en France se vautrent à chaque élection dans la servitude volontaire passive mais bel et bien majoritaire. C'est devenu le comportement dominant servant l'ordre établi. Il est à combattre frontalement.
Dans une élection, plus l'opinion majoritaire domine et moins l'élection est démocratique. Les dictatures obtiennent des scores généralement écrasants.

Sur la veulerie politique
Dans les années 1990, le Front Nazional, pourquoi tant de N ?, éditait une affiche intitulée : « *Vos idées sont les nôtres.* »
Paroxysme de la veulerie, de la lâcheté, de l'opportunisme, du populisme, de l'immoralité et de l'indignité politiques. Nous touchons là au cœur de la négation de la fonction du politique, de l'art politique, qui consiste à éclairer sur des idées nouvelles

et non à conforter l'ordre établi et à s'y vautrer. Là, la volonté perverse de vouloir saisir le plus petit commun dénominateur de la masse se traduit par le plus grand degré d'abjection politique. Néofascisme à l'état pur, bestialité. D'ailleurs, le meneur du FN a souvent lâché et revendiqué : « *Nous sommes la petite bête qui monte, qui monte…* » Entendez : nous sommes la bête immonde s'appuyant sur la grande bêtise qui monte. Lorsqu'il dit « *c'est un détail* » c'est bien qu'il pense « *c'est un bétail* ». Il y a de la retenue dans sa déclaration… Ainsi les « *sidaïques* » rejoignent dans les mémoires les judaïques. Et sans limites dans l'abject, les « *fédérastes* », adjectifs insultant pour qualifier les partisans du fédéralisme, sont assimilés aux pédérastes. La fille marine tout cela en eSSayant de gommer ce qui transpire sans ceSSe. « *Cachez cette oriflamme néofasciste que je ne saurais voir* » dit l'électeur pétainiste qui en redemande. La flamme des néofascistes italiens du MSI est reprise par le FN-RN et le tricolore vert blanc rouge est remplacé par le tricolore français.

La composition vitale, existentielle et citoyenne, peut et doit affirmer sa singularité, l'afficher et la revendiquer autant que possible ou la cacher s'il s'agit de la préserver.

Pour autant doit-on refuser la démocratie ? Doit-on ne jamais côtoyer la majorité et ne jamais en faire partie ? Doit-on refuser de chercher à ce que nos idées soient un jour majoritaires ?

La démocratie, oui, mais laquelle ?
Oui à la démocratie vivante qui ne se paie pas de mots et qui ne cache pas une démocrature. Autant dire non à la monarchie présidentialiste de la 5ème République parfaitement et définitivement non démocratique.
La démocratie représentative élective devrait permettre d'avoir une Assemblée nationale incarnant, autant que faire se peut, la volonté du peuple. La démocratie conseilliste du tirage au sort doit l'accompagner et la compléter.

Il y a majorité et majorité, majoritaire et majoritaire. Lorsque certains votent logiquement pour le « normal » Hollande pour dégommer le blingbling agité Sarkozy, c'est soit en croyant au « changement maintenant » soit sans aucune illusion. Nous n'attendions rien de Hollande. Pour autant nous sommes du moment majoritaire de fait en votant Hollande contre Sarkozy. Mais cela ne constitue pas une adhésion à la majorité présidentielle. Nous restons une minorité dans la majorité. La majorité présidentielle croyait naïvement au « changement maintenant », pas nous. Nous n'appartenons pas à cette majorité de naïfs qui entend des voix et pourtant, le soir du vote, nous sommes majoritaires avec ces naïfs. Adhérer au « moment majoritaire » ne signifie pas adhérer à la « majorité ».

Par ailleurs, nous cherchons à être la plus forte minorité et à gouverner. C'est le sens du combat politique. Mais si nous devenons « majoritaires », plus forte minorité, sur nos idées, il conviendra de s'en défier et de chercher des idées nouvelles pour faire avancer cette majorité, pour qu'elle change et évolue. Il conviendra de soutenir les minorités novatrices qui émergeront, même et y compris dans un cadre où nos idées deviendraient « majoritaires ». Une « majorité » se juge à l'aune de son égard pour les minorités.

En Esprits Libres, nous reviendrons sur la nature et les conditions d'exercice de la 6ème République démocratique libérale-libertaire, distributiste, écologiste, européiste, fédéraliste et conseilliste, que nous préconisons afin que ladite « majorité » en fait plus forte minorité, opprime le moins possible et afin que la singularité de chacun soit préservée.
Conséquencialistes nous ne proposons pas un idéal mais un autant que faire se peut, un possible ici et maintenant.

---

18   Résumé de nos propositions institutionnelles

Aucune instance ou élection au-dessus de l'élection législative et de l'Assemblée nationale. **Suppression de l'élection du président au suffrage universel** direct et président simple arbitre comme partout en Europe. Premier ministre chef du gouvernement. Le gouvernement émane des élections législatives. Le président appelle le chef de la coalition gagnante à devenir premier ministre et à former un gouvernement responsable devant l'Assemblée.
Président de la République, simple arbitre élu à la majorité des trois cinquièmes de l'Assemblée, c'est-à-dire, accepté par l'opposition. Alternance femme-homme au poste.
- Parité à l'Assemblée nationale. C'est une revendication majeure à notre époque où toutes les assemblées deviennent paritaires sauf l'Assemblée nationale.
- Garantie d'une majorité.
Scrutin électoral mixte, paritaire, proportionnel à correctif majoritaire.
400 députés élus à la proportionnelle intégrale pour 80 % des sièges au premier tour garantissant la représentation maximale des minorités.
Second tour au scrutin majoritaire donnant les 20 % restants à la liste gagnante et garantissant le fait majoritaire.
Non cumul strict, deux mandats successifs maximum. Financement revu et équitable des partis.
- **Reconnaissance du vote blanc** avec pourcentage de votes blancs dans la publication des sondages et des résultats électoraux. Votes blancs comptabilisés et représentés par des élus tirés au sort au prorata des votes blancs.
- Assemblées d'élus doublées par des **Conseils citoyens** tirés au sort : communes, régions, nation. Fonction de délibération et de deuxième lecture. Conseil citoyen national remplaçant le Sénat et le Conseil économique social et environnemental, singularités françaises en Europe.
Le département devient simple circonscription de la région et cesse d'être échelon administratif.
Fédéralisme, girondisme, démocratie locale et contre-pouvoirs.

- Choix du fédéralisme à tous les niveaux, européen dans la zone euro et national entre les régions et communes.
- Inscription automatique sur les listes du lieu d'habitation.
- Incitation fiscale au vote avec retenue sur le Revenu Commun pour les abstentionnistes.
- Nouveau type de financement plafonné et égalitaire sans niches fiscales accordant aux riches des remises d'impôts.

Ces propositions institutionnelles rejoignent nos propositions économiques :

« *En introduisant une **démocratie économique** le Revenu Citoyen se fait **organisateur de la cité** nouvelle.*
La politique c'est l'organisation de la cité. Le Revenu Citoyen s'avère organisateur central de la cité.
*Cette **démocratie économique** associée à la **démocratie politique** forment ensemble la **démocratie vivante.***
Le concept de démocratie économique est un concept introduit par les Esprits Libres.
Celui de démocratie vivante est aussi un concept exigeant que proposent les Esprits Libres.
La démocratie politique est principalement issue du mode de scrutin mixte et la démocratie économique est la résultante du R.C.
En introduisant la démocratie économique le R.C. rend vivante la démocratie politique formelle.
Pas de démocratie politique, pas de démocratie économique effectives si un seul citoyen est pauvre c'est-à-dire s'il n'a pas les moyens matériels de sa citoyenneté.
***Sans démocratie économique, pas de démocratie politique**, sans l'ensemble, pas de **démocratie vivante**.* »

- 5ème RÉPUBLIQUE -

MONARCHIE PRÉSIDENTIALISTE
Président monarque, pouvoir personnel
Assemblée servile de godillots
Scrutin majoritaire
Option dose proportionnelle
Option Proportionnelle intégrale
Référendums
Sénat, CESE, commissions Théodule
Abstentionnisme
Cumul des mandats
Rémunérations et privilèges après le mandat
Financement des partis, avantage aux riches

ÉCONOMIE DE MARCHÉ
(Capitalisme)
Libéralisme économique
Consumérisme
Propriétarisme
Gaspillage
Lobbying outrancier
Publicité outrancière
Fiscalité quantitative
Héritage fort
Niches fiscales
Paradis fiscaux
Concurrence
Compétition

- 6ème RÉPUBLIQUE -

DÉMOCRATIE VIVANTE
politique et économique
Revenu Citoyen
Présidente-président alternés, simples arbitres
Régime parlementaire primo-ministériel
Scrutin paritaire proportionnel à 80 %
Prime majoritaire pour 20 %.
Conseils citoyens national, régionaux, municipaux tirés au sort, délibération
Inscription sur le lieu d'habitation
Vote incité fiscalement
Votes blancs reconnus ET représentés
Financement égalitaire
Démocratisation de l'information et médias indépendants

ÉCONOMIE AVEC MARCHÉ et COMMUNS
(Économie mixte)
Éco-social-existentialisme
Fiscalité d'utilité publique
Impôt revenu-CSG fortement progressif
Gros héritages idem
RÉDUCTION ET PARTAGE DU TRAVAIL
CRÉATIVITÉ
COMMUNS
SERVICES PUBLICS
Suppression des niches et paradis

Référence Travail, Rente, Profit Techniques folles Prohibition Assistanat Pollution, eau, terre, mer, ciel Pollution plastiques Privatisation services publics et communs Misère Nucléaire Prohibition	Taxes GAFAM Taxe Tobin **REVENU CITOYEN** égal au seuil de pauvreté Société sans pauvres Réduction et partage du travail Sobriété **LÉGALISATION CONTRÔLÉE** Publicité, cannabis, tabac, alcool, sport professionnel, prostitution Prisons dépendant de la Culture et de l'Éducation Expérimentation de prisons ouvertes et travaux d'intérêt Général dans ONG et associations développés
SOCIÉTÉ DE MARCHÉ Avoir, image, paraître Société de contrôle Communautarisme Cléricalisme Concordat Sport professionnel Prisons surpeuplées, écoles de délinquance Police non citoyenne Anthropocène	Société d'**ART VÉCU, de BIEN VIVRE** **SOCIÉTÉ AVEC MARCHÉ** **Universalisme républicain** **Convivialité** **Résilience** Solidarité, Fraternité **Culture** **Primauté de l'être** **Art,** Esthétique, beauté, érotisme **Écologie** **Santé** Frugalité Sport amateur
Nationalisme ou **mondialisation néo-libérale**	**FÉDÉRALISME EUROPÉEN** **Souverainisme européen**

- 2 -
Revenu Citoyen

1	Philosophie du Revenu Citoyen	p.86
2	Démocratie vivante, politique et économique	p.90
3	Revenu Citoyen ou revenu de base ?	p.93
4	Éradiquer la misère	p.104
5	Fin de l'assistanat	p.106
6	Économie et société AVEC marché	p.108
7	Centralité de la créativité	p.114
8	Réduction et partage du travail	p.118
9	Fiscalité d'utilité publique	p.121
10	Financement et chiffres	p.131
11	Culture et santé prioritaires	p.135
12	Écosocialisme libéral-libertaire	p.139
13	Retraite égale pour tous	p.141
14	Avec André Gorz	p.144

1   Philosophie du Revenu Citoyen

« Vous voulez secourir les pauvres, moi je veux supprimer la misère. » Victor Hugo

C'est sous l'appellation de « **Revenu Citoyen** » que nous proposons le revenu d'existence, revenu universel, revenu inconditionnel, revenu de base. Le Revenu Citoyen (R.C.) est un revenu **individuel, inconditionnel, égal au seuil de pauvreté, universel, cumulable** aux autres revenus, distribué à tous les citoyens d'une communauté donnée, pour nous la française.

1000 € par mois en crédit sur la feuille d'impôt, crédit d'impôt, impôt négatif, tout au long de la vie, sans condition, sans contrôle des ressources, ni contrepartie. Il concrétise l'appartenance de chacun à la communauté et le respect de la personne humaine.

La Déclaration Universelle des Droits de l'Homme indique :
« Toute personne a droit à un niveau de vie suffisant. »
« L'éradication de la pauvreté et la lutte contre la précarité sont des enjeux de civilisation. »
Revenu Citoyen et **fiscalité d'utilité publique** suppriment misère et assistanat et assurent une existence digne.

La politique, organisation de la cité, art d'organiser la cité, place le R.C. au cœur, en nouvel organisateur de la cité.

Le marché, fait naturel, est une jungle naturellement inégalitaire. Le R.C. distribué, fait culturel, est égalitaire et organise une économie et une société AVEC travail et non DE travail, AVEC marché et non DE marché, économie et société de créativité.
Il réconcilie les concepts de liberté et d'égalité par un lien de fraternité effective, un revenu commun. Il permet le partage drastique du travail afin de produire moins mais mieux et de ce fait il autorise la transition écologique et existentielle.

Le libéralisme démocratique exige l'égalité des chances que l'héritage perturbe. Libertaire, keynésien, le R.C., archétype de la pensée de gauche, constitue un nouveau paradigme et introduit en elle une double rupture : Rupture avec le productivisme et avec le couple capital-travail, avec le marxisme-léninisme et son apologie du travail et du salariat, rupture avec la social-démocratie honteusement ralliée à l'économie DE marché, au capitalisme.

Le R.C. est compatible avec l'écosocialisme, tel que formulé par André Gortz, et avec les pensées fédéralistes et libertaires. Il rend la gauche à nouveau respirable en écartant l'extrême gauche marxiste-léniniste et en exigeant de la social-démocratie qu'elle revienne sur son ralliement productiviste au capitalisme.

L'écologie, si elle suit ce distributisme s'avère aussi compatible mais cela reste une exigence qui n'est pas dans son essence. L'écologie ne suffit pas, soyons écologistes existentialistes, Esprits Libres, pratiquons l'art vécu et l'art politique, le Bien Vivre.

L'écologie doit mettre en avant le R.C. et cette rupture économique d'avec le capitalisme afin d'adopter une **fiscalité d'utilité publique**. Elle doit enfin s'inscrire, du point de vue institutionnel, dans le **républicanisme démocratique laïque** en opposition aux séparatismes et aux populismes.

Fiscalité, d'utilité publique, et institutions, VIème République de démocratie vivante, sont les clés de la transition existentielle, clé de la transition écologique. Dialectique de l'art politique et de l'art vécu indissociables tant nous sommes individus et citoyens.

Le **Revenu Citoyen** et son économie distributiste changent de paradigme et affirme la contemporanéité de la pensée libertaire dépassant capitalisme et marxisme.

« *Ce règne de la liberté ne commence en fait que là où cesse le travail imposé par la nécessité et la finalité extérieure ; il se trouve donc par-delà la sphère de la production matérielle proprement dite.* » Karl Marx, *Le Capital*.

« *Aussitôt qu'il existera pour tous une marge de liberté réelle au-delà de la production de la vie, le marxisme aura vécu : une philosophie de la liberté prendra sa place. Mais nous n'avons aucun moyen, aucun instrument intellectuel, aucune expérience concrète qui nous permette de concevoir cette liberté ni cette philosophie.* » Jean-Paul Sartre, *Question de méthode*.

Le peuple n'existant pas, il est commode de le faire parler ou de parler en son nom. Comme le Dieu des religions, il reste muet et ne dément pas. Il ne va pas protester ce peuple, ce prolétariat, ce Dieu. Ce qui existe, c'est une fracture nouvelle entre classes moyennes inférieures et supérieures. Premières appauvries soumises aux tentations néo-fascistes de droite et sociales-fascistes de gauche. Son appauvrissement fait de la couche inférieure de la classe moyenne un sujet sensible à l'immigration car les populations étrangères viennent la concurrencer sur le plan économique. Le travailleur immigré était toléré quand il venait faire le sale travail, à l'époque du plein-emploi, et gagner une misère à côté de l'ouvrier français, quand on imaginait qu'il allait repartir. Chômage et différends culturels changent tout.
Parler au nom de cette couche inférieure, lui donner une fausse identité de peuple c'est l'isoler et la détacher de la citoyenneté pour l'entrainer dans l'aventure politique.
En donnant revenu et dignité aux membres de la communauté française, le R.C. requalifie socialement nos citoyens, leur redonne la dignité en supprimant l'assistanat et le chômage et unifie la population dans un ensemble citoyen solidaire.
Classes moyennes aisées et pauvres se rapprochent culturellement, économiquement et socialement et s'éloignent du lumpenprolétariat, de la condition de chômeur ou d'assisté. Cela discrédite les populistes des deux extrêmes. Le R.C. implique dialectique existentialiste, vitaliste, sociétale et projet de société.
Sans R.C., pas de disparition de l'assistanat, de l'usine à gaz sociale impuissante et onéreuse et de la misère. Pas de démocratie économique, ni en conséquence d'authentique démocratie politique sinon formelle, pas de démocratie vivante. Pas de priorité à la santé et à la culture.
Sans R.C., pas de fiscalité d'utilité publique, pas de sortie de l'économie de marché possible, sauf rejet de tout marché par la socialisation ou une autre forme totalitaire.
Sans R. C., perpétuation d'une société de marché entrainée de facto par cette économie de marché. Pas de sortie de la centralité du travail, du productivisme et du chômage. Pas d'écologie conséquente. Ni liberté, ni égalité, ni fraternité, réelles. Pas de libéralisme libertaire instaurant l'égalité des chances et le droit à l'héritage partagé, moins de coopération, de vie associative, de bénévolat, de créativité, de bien vivre.

Ouvrons la liberté pour chacun de réaliser sa propre conception de la vie bonne, les chemins de la liberté, *Buen Vivir* et *pura vida*.

Le R.C. partage également entre tous les citoyens un revenu commun, un bien commun, véritable fraternité héritage des générations passées. Le R.C. est un dépassement du marxisme et de la lutte des classes, dépassement et non négation, comme un dépassement du capitalisme, créant une appartenance citoyenne existentielle soldée par un revenu commun et une préservation du marché sans son hégémonie capitaliste.
Régulation républicaine et distributiste de la part libérale de l'économie, le R.C. sert de modèle social dans le cadre d'un noyau fédéral européen et remplace la centralité du marché et du capital par la centralité de la créativité et de l'écologie.
Le R.C. ne dépend ni du marché, dont nous gardons la vitalité mais dont nous réduisons l'influence sur nos vies, ni de l'assistanat qu'il supprime. Il correspond au seuil de pauvreté, moitié du salaire médian. La société s'organise sans pauvres, avec les gains de sociabilité, de santé publique, de cohérence sociale et démocratique que cela entraîne.
Inspiration libérale-libertaire, fédéraliste et humaniste, éco-socialiste, autogestionnaire et coopérative, cynique et conséquencialiste, épicurienne et spinoziste.

Montant du Revenu Citoyen
200 € par mois de 0 à 16 ans, 400 € par mois de 16 à 18 ans, 1000 € par mois de 18 à 60 ans,
À partir de 60 ans, transition vers un R.C.-Retraite :
60 ans : 1200 €, 62 ans : 1400 €, 64 ans : 1600 €, 68 ans : 1800 €. Retraite égale pour tous et indexée sur le revenu médian des actifs.
Clause grand-père : Ceux qui, jusque-là, ont cotisé gardent leurs acquis. Le complément leur est versé si leur retraite dépasse 1800 € et ils conservent le montant de leur retraite actuelle.

---

2   Démocratie vivante, politique et économique

La politique c'est l'organisation de la cité. En introduisant une **démocratie économique,** le Revenu Citoyen se fait **organisateur central de la cité** nouvelle.
Cette **démocratie économique** associée à la **démocratie politique** forment ensemble la **démocratie vivante,** concept exigeant que proposent les Esprits Libres.
La démocratie politique est principalement issue du mode de scrutin mixte et la démocratie économique est la résultante du R.C. En introduisant la démocratie économique le R.C. rend vivante la démocratie politique formelle.
Sans démocratie économique, pas de démocratie politique, sans l'ensemble, pas de **démocratie vivante**.

Pas de démocratie politique, pas de démocratie économique effectives si un seul citoyen est pauvre et n'a pas les moyens matériels de sa citoyenneté. La démocratie commence à partir du moment où un revenu d'existence est distribué à hauteur du seuil de pauvreté. Travailler ou subir l'assistanat, être assisté, ne doit pas, ne peut pas être à la base de la condition de dignité humaine, citoyenne et démocratique.
Il s'agit d'assumer le pouvoir et de mettre en place une 6ème République et un R.C. Parlons alternative et non superposition.
Le R.C. supprime le système inique, complexe et inefficace, d'assistanat et d'allocations diverses qui divise les citoyens.
Système attaqué par la droite sans proposition cohérente de substitution, système défendu par la gauche.
Le R.C. s'oppose tant à l'oligarchie et à la démocratie formelle qu'à la démocratie directe ou référendaire.

L'égalité des chances, cœur du libéralisme de gauche, effective et respectée doit prendre corps.
Le R.C. instaure une démocratie économique et constitue la base d'une égalité des chances. Il permet d'être citoyen et non sous-citoyen assisté. Nos sociétés ne connaissent que l'assistanat et les aides sociales et caritatives pour éviter la pauvreté que la plupart du temps elles n'évitent pas. Mais un

assisté ne peut être pleinement un citoyen libre car l'assistanat est une dépendance. Dépendant de l'aide sociale, on est un sous citoyen car ses choix sont induits par cette dépendance.
Le R.C. permet à chacun de ne pas dépendre politiquement et socialement de cet assistanat.
Le R.C. instauré, il reste à limiter les inégalités et dépendances culturelles et à favoriser la santé pour que la citoyenneté possible soit effective et vivante, pour le Bien Vivre.

Démocratie vivante, démocratie libérale-libertaire d'égalité rigoureuse des chances appliquant, à la lettre et dans l'esprit, les fondements de notre république, la liberté, l'égalité, la fraternité, la laïcité. R.C., lien incontournable, indispensable, irremplaçable, de ces principes républicains.
Neuf millions de pauvres forcent à constater la faillite sociale de notre très coûteux et très complexe système de protection sociale irréformable, usine à gaz inadaptée au monde d'aujourd'hui, au chômage de masse et à l'individualisation de la société. Démocratie formelle, non vivante. Dire haut et fort que nous ne sommes nullement en démocratie aujourd'hui.

En préalable à la définition de la politique sociale, l'Assemblée et le gouvernement doivent considérer que le marché n'est pas le gouvernement. Constater que la redistribution issue du marché, salaires, dividendes, profits, patrimoine, héritages, rentes et autres ne permet nullement de créer les conditions de l'exercice plein de la démocratie et de l'égalité des chances. Ils doivent retenir que le bien public commun appartient par définition à tout le monde. Ils doivent distribuer équitablement à chacun sa part d'héritage des 86 milliards d'humains des générations passées.
L'Assemblée et le gouvernement doivent opérer un partage distributif des richesses pour une vie décente à chaque citoyen.
Ils doivent prendre une mesure de socialisation d'éradication de la pauvreté en distribuant au moins l'équivalent de ce seuil de pauvreté à tous afin de faire société sans laissés pour compte.
C'est judicieux, juste, efficace et cynique, au sens positif ancien car il est plus facile d'organiser une société sans pauvres.
Impératif existentiel de la démocratie et de l'égalité des chances, du bien commun, du Bien Vivre.

Créons les conditions pour que chaque citoyen et groupe de citoyens se réalisent librement autour de valeurs solidaires et libérales de responsabilité et d'autonomie.

La première dépense d'investissement, qui rapporte plus qu'elle ne coûte, est le R.C., puis viennent l'éducation, au sens large incluant formation, culture et recherche, l'écologie et la santé. Ensuite se font les autres choix budgétaires dans un cadre d'égalité des chances devenu démocratique. N'est démocrate, n'est républicain que celui qui défend le R.C.

Productivisme

Lorsque nous critiquons, doxa nécessaire aujourd'hui, le productivisme, nous visons ET le capitalisme ET le socialisme, productivistes l'un et l'autre, attachés au développement des forces productives, l'un par cupidité et recherche « à tout prix » du profit, l'autre par matérialisme et attachement aux valeurs travail et production. Sous l'angle de cette critique du productivisme, nous portons notre critique du capitalisme et du socialisme. Pour autant notre critique est centriste et nous ne rejetons ni le marché, ni le social.

Concernant le capitalisme, nous refusons la société DE marché et l'économie DE marché mais nous acceptons la société et l'économie AVEC marché.

Concernant le socialisme, nous adoptons l'écosocialisme en intégrant les concepts d'écologisme et de socialisme, l'un corrigeant l'autre. L'écologisme corrige le caractère productiviste du socialisme et le socialisme confère un caractère social à l'écologisme.

Nul rejet du marché ou du social en tant que tels. Vision tant libérale-libertaire que républicaine sociale, vision du Bien Vivre, biens communs, bien public, *buen vivir* et *pura vida*.

---

3 Revenu Citoyen ou revenu de base ?

Notre proposition de Revenu Citoyen est fort différente, voire concurrente, des propositions connues sous le nom de revenu de base non porteuses d'un projet de société ou restant floues sur les contours et propositions concrètes, et qui, souvent trop basses, se cumulent à l'assistanat et aux allocations diverses qu'elles laissent subsister.

Différence entre Revenu Citoyen et revenu de base
Le Revenu Citoyen, parce qu'il est au moins égal au seuil de pauvreté, est un revenu de base qui éradique la misère. Un revenu de base inférieur au seuil de pauvreté n'est pas un revenu citoyen car il ne garantit pas cette citoyenneté. Franchissant ce seuil, le pauvre cesse d'être pauvre et devient citoyen à part entière. La démocratie cesse d'être formelle, devient réelle, palpable. Le Revenu Citoyen offre en outre une base d'indépendance économique vis-à-vis du marché.
Le travail, le capital, les rentes, les héritages réduits ne sont plus seuls facteurs du revenu. Ils viennent seulement s'ajouter au Revenu Citoyen qui fournit la base essentielle de vie et de citoyenneté. On peut se passer d'eux, on ne peut se passer de lui, il est vital.
Le citoyen recevant le Revenu Citoyen n'est plus dépendant du marché qui subsiste et de l'assistanat qui disparaît. Il cesse d'être un assisté social.
Le R.C. change la société, la faisant passer du capitalisme à une façon d'écosocialisme, à un éco-social-existentialisme.
Organisateur central de la société il permet, outre la démocratie économique, que **la créativité remplace le travail comme axe de l'économie et de la société**.
Révolution politique, sociale et sociétale permettant la transition écologique, il est un revenu commun, introduisant une solidarité et une fraternité, répondant aux objectifs de liberté, d'égalité et de fraternité effectives.
En Esprits Libres, libéraux libertaires, nous l'affirmons tant face au capitalisme qu'au socialisme réel produit du marxisme.
Le R.C. rompt avec le productivisme, le travaillisme, le « croissancisme », le classisme, le « grandsoirisme », le

centralisme, le jacobinisme, le totalitarisme, le socialisme réel, le matérialisme historique marxiste, les affects négatifs et destructeurs, les passions tristes de colère et de haine de classe qui nous détruisent et autres balivernes. Nous restons marxiens, attentifs aux écrits de Marx, comme nous le sommes pour les Lumières, des libertins, des libéraux, des libertaires, des existentialistes ou d'autres philosophes essentiels.

Le Revenu Citoyen dépasse aussi la social-démocratie puisqu'il revient sur son ralliement à l'économie DE marché.

Au contraire du R.C., le revenu de base, en-deçà du seuil de pauvreté, n'a pas ces qualités et reste une sorte d'assistanat social ultime pour sauver de la faillite le système dit social d'assistanat qui fabrique la sous-citoyenneté et fait perdurer capitalisme, économie DE marché, et servitude volontaire.

Un revenu de base égal ou supérieur au seuil de pauvreté n'est qu'un R.C. qui s'ignore émanant le plus souvent de ceux qui se refusent à l'inscrire dans une proposition sociétale globale mais en restent au seul principe d'un revenu inconditionnel élevé. Compagnons de route.

Le R.C. abolissant la misère, l'assistanat et le chômage, est un revenu d'existence non « parce qu'on existe » mais « pour exister dignement ». Assister la misère avec 400 € ou l'éradiquer avec 1000 €, conserver le système d'assistanat et la centralité du travail avec un revenu de base faible ou le transformer avec le R.C. suffisant, là sont les questions et nous répondons.

Le MFRB, Mouvement Français pour un Revenu de Base, ne propose pas de montant. Le propos est indéterminé, faussement œcuménique. Une telle imprécision transforme la proposition de revenu de base en gadget politique rassemblant des catholiques, des libéraux droitiers, des « babas cools » détournés de l'engagement politique et un tas de gens de bonne volonté, partisans d'un revenu suffisant mais neutralisés par des propositions floues, imprécises, inconséquentes.

Les babas cools irénistes du MFRB proposent de distribuer le revenu de base à tous les étrangers payant des impôts sur le territoire… Immigrationnisme, façon d'enterrer à jamais le R.C. Bientôt les touristes payant la TVA y auront droit…

Si notre R.C. se trouve recoupé par la position du MFRB, les autres propositions de revenu de base sont souvent très différentes et ne changent nullement notre modèle de société.

Notons que les citoyens Suisses viennent de s'exprimer contre le revenu de base lors d'une votation et c'est un avertissement exigeant pour clarifier et sortir de la rade et de la confusion.
Nous voulons **abolir la misère, mettre fin à l'assistanat et supprimer le chômage par le partage du travail.** Ce n'est pas avec 400 € que l'on peut atteindre ces impératifs.

Notre proposition de Revenu Citoyen n'a que peu à voir avec un revenu de base à 400 € car la première fonction du R.C. est d'éradiquer la misère puisque son montant minimum est fixé par la définition du seuil de pauvreté dans une société donnée. La seule discussion décente ouverte consiste à savoir si l'on retient 50 % ou 60 % du revenu médian pour déterminer le seuil de pauvreté c'est-à-dire le R.C. Les Esprits Libres, bons centristes, retiennent 1000 €, autour de 55 % de salaire médian.
Autre différence avec un revenu de base bas, **le R.C. remplace toutes les prestations sociales autres que celles liées à la santé et à la formation**-culture-créativité-recherche.
De fait, les partisans d'un revenu de base au-delà de 800 € côtoient nos thèses autant que les quémandeurs d'un revenu de base à 400 € en sont fort éloignés.
Autre différence majeure, le R.C. permet de réduire le temps de travail légal à 24 h, voire moins pour les travaux pénibles et pour les travaux payés au smic à faible qualification.
Enfin le R.C. est lié à une proposition politique de Bien Vivre que portent les Esprits Libres, proposition démocratique, républicaine, laïque, écologique, éco-socialiste, libérale-libertaire d'une économie et d'une société AVEC marché et non d'une économie et d'une société DE marché.
Les Esprits Libres proposent la suppression de la centralité du travail et des allocations liées au travail, suppression de **l'assistanat,** mot que jamais nos fins dialecticiens ne prononcent. Ils parlent de « social », prêts qu'ils sont à faire plus du « social » à dix balles ou à 400…

D'autres encore, ou parfois les mêmes, assurent qu'il y a d'un côté de méchants libéraux partisans d'un solde de tout compte qui veulent supprimer les prestations sociales et eux, les gentils qui veulent les conserver car leur revenu de base est trop faible pour les supprimer. Ils oublient les libéraux-libertaires qui veulent remplacer avantageusement ces prestations sociales, tout ce système d'assistanat, par un R.C. suffisant pour permettre à chacun de se situer au-delà du seuil de pauvreté.
Des arguties et des faiseurs souhaitant ratisser large prétendent que revenu de base, revenu inconditionnel, R.C., revenu d'existence, c'est du pareil au même. Cette unité de façade, démagogie contre-productive, ne tient pas.

Secourir les misérables avec 400 € ou éradiquer la misère avec 1000 € ? Conserver le système avec un revenu de base faible ou le transformer avec le R.C. ? Comment composer avec le système social actuel en faillite ? Comment ajouter un revenu de base de 400 € à côté du RSA et d'autres allocations, c'est-à-dire à côté des 450 € déjà versés en moyenne, mais de façon inégalitaire, par le système allocatif actuel ?
Si le revenu de base de 400 € n'exige aucune administration complexe, le système d'assistanat actuel, est fort coûteux en fonctionnaires, en argent public, en avantages aux riches, en assistanat oublieux des neuf millions de pauvres, excusez du peu, laissés sur le pavé, une. Le système actuel dilapide l'argent public. Ajouter 400 € de revenu de base au système actuel conserve l'usine à gaz inefficace et la dilapidation reste la même sans économies réalisées. Notons les révélations de la Cour des comptes portant sur les multiples fraudes à l'assistanat de deux à quatorze milliards d'euros.
Si nous versons les mêmes 1000 € sous la forme d'un R.C. qui ne coûte rien pour sa mise en place, nous économisons ce que coûte aujourd'hui ce gouffre. Comment pourrions-nous justifier un choix de dilapidation des fonds publics avec 400 € peu lisibles quand un R.C. de substitution à 1000 € nous donne une efficacité totale sans un sou dilapidé pour l'administration et sans aucun pauvre à l'arrivée ?
Position injustifiable où le système conserverait ses tares. Le revenu de base faible ne jouerait pas son rôle et la crise ne serait pas enrayée. Le revenu de base apparaîtrait au mieux comme

un RSA amélioré et laisserait un chômage de masse de plus de 5 millions de pauvres.

Le Revenu Citoyen doit-il être « suffisant » ?
Avec André Gortz nous considérons qu'un revenu de base de 400 €, position d'AIRE, dividende universel, néo-libéraux, est une aide camouflée aux entreprises pour le maintien des bas salaires, une paupérisation, une baisse des aides sociales et/ou un maintien des mécanismes de l'assistanat et de la complexité administrative avec leurs coût sociaux.

Les propositions ultralibérales
A.I.R.E., Association pour l'instauration d'un revenu d'existence, dominée par des libéraux de droite et les catholiques, propose des broutilles en guise de R.E. affirmant qu'il s'agit d'un revenu *« parce qu'on existe et non pour exister »* oubliant au passage que si l'on n'a pas de quoi exister on n'existe pas socialement et politiquement, et conservant de fait la centralité du travail *« pour exister »*. Là, nulle proposition politique d'organisation de la cité. N'éradiquant pas la misère, ce n'est ni une proposition démocratique effective, car elle n'introduit pas de revenu suffisant pour l'égalité des droits, ni une proposition sociale convenable, car elle n'éradique pas la misère.
Cette option politique droitière est liée au refus de remettre en cause ce qui est faussement appelé le « système de protection sociale » et qui est souvent un système d'assistanat pour beaucoup, de niches fiscales pour les riches et d'abandon pour les plus pauvres, un système inique, coûteux et inefficace, dépendant du marché et du rapport de chacun au travail. Pour certains ultra-libéraux elle vise aussi à rogner sur le social.
Cette option ne remet en rien en cause la centralité du travail dans la distribution des revenus et dans la société. Elle s'accorde avec celle des néo-libéraux autour d'un revenu de base qui n'a rien de citoyen, autour de 400 €. Naturellement elle trouve son financement dans le cadre actuel, dans l'ordre établi, dans la société DE marché qu'elle respecte et qu'elle sert. Il n'est pas compatible d'envisager ces 400 € et de parler « d'éradiquer la misère » comme on l'entend trop souvent dans les conférences. Un revenu aussi faible imposerait de conserver quasi intact tout le système d'aide sociale et d'assistanat et bloquerait toute

simplification administrative sauf à être considéré, versus néo-libéral, comme solde de tout compte. Cette option basse ridiculise et instrumentalise le revenu de base.

AIRE constitue de fait le cache sexe des propositions ultra-libérales de « liber » et « libertaxe » associées.
L'aumône du « liber » fixée à 480 € par mois équivaut environ au RSA, mais elle supprime :
- Les exonérations fiscales et taux différenciés appliqués aux revenus du patrimoine,
- Le RSA,
- La prime pour l'emploi,
- L'allocation spécifique de solidarité,
- L'allocation de solidarité aux personnes âgées,
- Les allocations familiales,
- Le complément familial,
- L'allocation de base de la prestation d'accueil du jeune enfant,
- Les bourses d'enseignement supérieur sur critères sociaux,
En outre elle supprime :
- L'impôt sur le revenu actuel et ses dispositifs, quotient conjugal et familial, niches fiscales,
- La CSG et l'ensemble des cotisations non contributives,
- Les taxes sur les salaires,
- L'impôt sur les sociétés.
La « libertaxe » associée transforme la progressivité républicaine de l'impôt en proportionnalité, proposition non constitutionnelle réactionnaire d'ultralibéralisme, rêve de très riches à l'opposé de ce qui convient.

Les Esprits Libres sont des libéraux, des libéraux-libertaires républicains, et le débat sur le libéralisme, essence de la gauche libertaire, ne nous fait pas peur.
Deux questions se posent ?
Peut-on être libéral sans éradiquer la misère ? NON car on contrevient à l'égalité des chances, base du libéralisme.
Le tout marché a-t-il pour fonction et capacité d'éradiquer la misère et la réponse est encore NON.
Ces principes, égalité des chances et, liée, éradication de la pauvreté imposent l'universalité sans condition,

- imposent de s'engager pour **un revenu aligné** a minima **sur le seuil de pauvreté**, et non « *déterminé selon un processus démocratique ultérieur* », façon habile de noyer le poisson, prenant pour base le seuil de pauvreté que le marché n'a pu éradiquer car ce n'est pas sa fonction, mais que l'État a pour devoir d'éradiquer s'il prétend à la citoyenneté.
- imposent de **rompre avec l'économie et la société DE marché** c'est à dire avec le ralliement social-démocrate au capitalisme, à l'économie DE marché, ce sans concession au collectivisme. La possibilité d'indépendance du citoyen vis à vis du marché est une condition de l'émancipation comme l'existence d'un marché en est une autre.

Et Benoît Hamon ?
Félicitons-le d'avoir parlé de Revenu inconditionnel lors de la présidentielle de 2017 mais, en cours de campagne, il a abandonné cette inconditionnalité et son revenu n'éradiquait pas la misère… B. Hamon, fraîchement converti, fait preuve de son incompréhension du principe même d'universalité en considérant que *« l'urgence lui fait dire qu'il faut d'abord considérer les plus démunis pour expérimenter ce revenu de base »*. Mais ce n'est pas l'urgence sociale qui nous meut dans notre principe qui lui est antérieur.
Certes elle confirme notre propos mais ce sont les principes de démocratie, de liberté, d'égalité, de fraternité, de République sociale, d'écosocialisme libéral-libertaire, de rupture avec l'économie et la société DE marché qui nous meuvent. Pendant les Trente Glorieuses le RC était tout aussi nécessaire qu'aujourd'hui. Le revenu d'Hamon constitue une énième mesure sociale perdue dans l'usine à gaz et non moteur organisateur de la cité et de la démocratie se substituant au pseudo modèle social et à la pseudo République actuelle.

Quel nom ?
Revenu Citoyen, revenu d'existence, revenu de base, revenu inconditionnel, allocation universelle…
Toutes ces appellations recoupent une part de ce que nous cherchons à désigner. Chacune à ses qualités et faiblesses.
Assimiler ou fondre notre proposition de « Revenu Citoyen » dans le fourre-tout que constitue l'appellation « revenu de base »

est une paresse intellectuelle. Nécessité de ne pas parler d'une « base » floue ou insuffisante mais d'afficher une citoyenneté effective respectant les principes conformes à notre volonté d'éradiquer la misère et de respecter la Déclaration universelle des droits de l'homme.

Nous réfutons tout ce qui contient le terme « minimum » qui ne nous sort pas de l'auberge et des méandres de l'assistanat.
À laisser aux rocardiens, aux charitables et curés avec ou sans soutane. Idem pour le « miettes pour les pauvres », « solde de tout compte » des néo-libéraux.

Allocation universelle : si le R.C. est effectivement une allocation, une somme allouée, nous n'aimons guère ce terme d'allocation quand le R.C. supprime bon nombre d'allocations. Il s'agit de ne surtout pas confondre ce qui relève de l'assistanat avec le R.C. qui supprime tout assistanat.

Revenu inconditionnel ou universel : justes termes mais qui confondent explication, qualification et appellation. Universel paraît aussi peu adapté à une communauté donnée.

Revenu d'existence : terme intéressant doté d'un vitalisme existentialiste séduisant. Peu de faiblesses. Peut-être risque-t-il de se parer d'un accent religieux, « la vie au-dessus de tout », ou néo-libéral, « des miettes pour les pauvres qui nous foutront la paix », « de quoi ne pas mourir », ne prenant pas l'être dans son historicité, dans son rapport social et sa citoyenneté.

Revenu de base : c'est le nouveau venu relevant du franglais, de la paresseuse traduction, de la facilité, de l'uniformité langagière, d'une mathématique à parfum de désengagement politique. C'est le plus petit commun dénominateur, on unifie par le bas, c'est-à-dire le terme le plus pauvre, le plus neutre, celui qui a le moins d'odeur, le plus laid, le plus comptable, sans poésie et sans politique, un terme froid, militaire, de carrière, frigide, incapable d'amour, bête. Inconvénient d'affadir notre langue sans être espéranto, sans porter espérance.
Sémantiquement, il place ce revenu sous les autres, dans la même catégorie comptable, quand nous le souhaitons hors des

autres, leur échappant, distinct, cumulable dans un rapport à l'être et non dans un rapport comptable.
Travailleurs et cadres du secteur social peuvent témoigner de la fort mauvaise côte de ce terme de « base » lié à un service dévalorisé, primaire, à éviter coûte que coûte. Un sondage rapide sur un petit échantillon permettrait de départager très vite « Revenu de Base » et « Revenu Citoyen ».
Ceux qui percevraient uniquement un revenu de base seront affublés du terme de « basiques » de « baseux » ou « d'à la base », une insulte. Ceux qui ne percevraient que le Revenu Citoyen seraient des citoyens, une qualité. Comment opter pour « Revenu de Base » quand nous disposons de « Revenu d'Existence » et de « Revenu Citoyen » ?
Un revenu de base mis en place par le système cinquièmiste, par les néo-libéraux, par les extrêmes ou par des techniciens, voire associatifs apolitiques, n'aurait guère à voir avec un R.C.
La majorité des adhérents du Mouvement français pour un revenu de base est favorable à un montant situé entre 800 et 1000 € comme l'a indiqué un sondage interne. Mais ce mouvement refuse la règle de la majorité simple pour décider.
Les simulations de financement de ces partisans d'un revenu de base portent souvent significativement sur un montant autour de 400 €. Ce revenu de base d'un montant trop faible ne permet pas de diminuer le temps de travail de façon significative ni de baisser les charges sociales.
On entend aussi de fins dialecticiens dire que le principe seul importe. Un revenu de base à 10 € ferait leur affaire car le principe serait adopté. Faiblesse de raisonnement.
Que l'on nous entende bien. Nous ne serons jamais contre une allocation inconditionnelle, un revenu de base faible à tous mais ce n'est en aucun cas notre proposition, notre concept, et nous ne voulons pas assumer les conséquences du maintien de l'assistanat fondé sur l'usine à gaz du système social lui-même axé sur le travail, sur le capital, sur le productivisme. Si nous ne sommes pas ennemis ou adversaires, nous sommes clairement concurrents des partisans d'un revenu de base faible ou indéterminé.

Revenu Citoyen : revenu commun et revenu d'existence, faute d'historicité d'une appellation libertaire que seraient « libre » ou

« libéré », », pour ne pas dire « commun » voire « communiste » qu'il faudrait aller chercher dans le ruisseau, l'appellation Revenu Citoyen prend à bras-le-corps la question sociale et sociétale obligeant, sans paresse, à définir de quelle citoyenneté nous parlons, à proposer un choix politique d'un revenu organisateur de la cité, la déterminant. Il introduit une rupture avec la technicité pure et s'inscrit dans la logique républicaine, y plonge au cœur et fédère l'ensemble.

Le R.C. est républicain et fédérateur. Il reste en travers de la gorge des marxistes travaillistes et productivistes, des ultra-libéraux et de la droite légitimiste qui n'a pas digéré la Révolution française, sans gêner les libéraux au sens politique, partisans des libertés. Les marxistes et la gauche, pour l'essentiel non marxiste, ont raison de s'inquiéter et d'appréhender le R.C. avec pincettes et circonspections. Que vont-ils devenir sans les pauvres et sans sacro-saint salariat ? Pire encore si on leur enlève le marché et le capital. Sans l'ennemi que vont-ils devenir ?

Le R.C. désigne le receveur qui ne se contente pas de poser son postérieur sur une base pour éventuellement consommer, qui ne se contente pas d'exister pour par exemple… consommer, mais qui ancre naturellement son existence dans un rapport social et sociétal, dans un **Bien Vivre** qui fait de lui un citoyen créatif au-delà d'un consommateur.

C'est bien le revenu d'un acteur sociétal de **créativité** potentielle ou exprimée. Un revenu qui crée le lien social essentiel, au-delà du travail, du capital, du chômage, du marché, de la marchandise, de ses aliénations. Lien social de liberté partagée, de l'égalité, de la fraternité que crée de fait un revenu également partagé, lien social enfin d'une fiscalité d'utilité publique, lien social de la citoyenneté.

Revenu Citoyen écolo-compatible entraînant un processus de baisse du temps du travail et du partage du travail, un resserrement de l'échelle des revenus, une plus forte taxation du patrimoine, du capital financier et de la rente, une guerre aux paradis et aux exilés fiscaux, une limitation du pouvoir des banques. Exigeant une fiscalité d'utilité publique, une démocratie vivante citoyenne, une spiritualité civile laïque, une primauté de l'être dans l'organisation de la cité, dans la politique, une créativité comme nouvelle centralité.

D'aucuns brûlent les étapes confondant les sujets. il s'agirait par exemple de le verser en « monnaie locale alternative ».

D'autres avancent qu'il faut d'abord se débarrasser du capitalisme ne voyant pas que le R.C. est le pas indispensable pour ce faire. Les plus rivés à l'esclavage salarié, inénarrables, exigent un « salaire à vie », tout le monde devient salarié, « riez, riez ! », grand soir et lendemains qui « chiantent » assurés.

Sans coups férir, babas et gauchos s'accordent pour le distribuer aux étrangers vivant sur notre sol au motif qu'ils paient des impôts et comme ils souhaitent ouvrir les frontières sans contrôle et régulariser tous les sans-papiers, ces non conséquencialistes tuent dans l'œuf l'idée de la mise en œuvre du R.C. Gare au R-Haine camarades.

Les droitiers, plus pervers, nous proposent un R.C. à 400 € juste insuffisant avec d'incalculables effets néfastes. Risque de ramener les salaires vers le smic dont le R.C. sera le complément. Entendez qu'avec 1000 € je peux négocier un travail, un salaire décent correspondant, des conditions de travail correctes, alors qu'avec un R.C. à 400 €, je reste fort démuni et dépendant des minimas sociaux et des aides rivées sur mon rapport au travail. Je dois accepter le smic ou le sous-smic.

Sans pauvres, la messe perdra une clientèle qui assoit le pouvoir des riches et des églises. Pire, avec 1000 € par mois servis individuellement, les femmes gagneront en autonomie, quitteront plus facilement les foyers aliénants et divorceront plus librement. Moins mariées, moins battues.

---

4   Éradiquer la misère

Revenu Citoyen universel, individuel, inconditionnel, aligné sur le seuil de pauvreté éradiquant la misère
Le Revenu Citoyen est un revenu commun, un revenu d'existence, un revenu de base, suffisant pour éradiquer la misère dans notre pays. Une somme d'argent distribuée annuellement, sur sa feuille d'impôts, à chaque citoyen lui assurant une existence digne et lui donnant les moyens d'une pleine participation à la vie sociale tenant compte des standards sociaux et culturels du pays.

La suppression de toutes ou parties des allocations actuelles est alors souhaitable. Il ne s'agit nullement de remettre en question les services publics et une réelle protection sociale mais de les garantir. La grande majorité des citoyens gagne à la mise en place du R.C. mieux disant d'écologie, de santé publique, de culture, d'éducation, de recherche, d'investissement, de créativité.
Le Revenu Citoyen se situant, au moins, au niveau du seuil de pauvreté, 1000 € par mois, garantit à tous l'accès aux biens et services essentiels. Éradiquant la misère, il améliore santé publique, éducation, dignité, paix sociale et démocratie.
Quand neuf millions de personnes vivent en-deçà du seuil de pauvreté on ne débat pas pour savoir si une mesure qui éradique la misère est meilleure qu'une mesure qui ne l'éradique pas. Elle ne se combat pas, ne se refuse pas, pour elle on se mobilise, on se bat. C'est notre raison d'être, notre dignité de politiques. Le montant du R.C. est indexé automatiquement au seuil de pauvreté car sa fonction première consiste à éradiquer la misère. Le R.C. doit être déterminé selon un processus démocratique, mais pour qu'un tel processus existe, il convient qu'au départ de celui-ci il n'y ait aucun pauvre dans la société donnée car il n'y a pas de véritable démocratie politique sans démocratie économique. Pour qu'il y ait processus démocratique, il faut qu'il y ait démocratie. Conséquemment le R.C., pour être fixé démocratiquement ne saurait être inférieur à 960 €.
Pour faire simple, les Esprits Libres le proposent à 1000 €. Ils ne sont guère généreux, ils sont simplement réalistes et démocrates

et c'est en effet le prix à payer pour la république et la démocratie sauf à se payer de mots.

Question morale : peut-on concevoir une société, une citoyenneté et une démocratie en laissant un seul citoyen en-deçà du seuil de pauvreté ?
Question cynique : est-il plus facile d'organiser une société avec pauvres que sans pauvres ?
Les Esprits Libres savent qu'une société sans pauvres donne une meilleure santé publique, un meilleur climat social, une économie plus prospère, une culture plus développée. Dignité retrouvée car personne n'est assisté.
Enrichir les pauvres est un bon sens pour leur bonheur autant que pour le bonheur de tous les autres citoyens. En ce sens, notre proposition de R.C. n'est nullement généreuse émanant de curés sans soutane. Si elle est libérale et socialiste au sens de la stricte égalité des chances et de la liberté de chacun, écologiste au sens de la sortie du productivisme, elle est surtout réaliste, cynique et conséquencialiste au-delà d'être humaniste.
Paix sociale : Le R.C. réduit la lutte de classe en réduisant les différences de classes. Il baisse les taux de délinquance et le trafic et les tribunaux peuvent en outre le réduire ou le saisir afin d'amender infractions et délinquances. Il supprime le chômage et partage le travail. Il éradique la misère. Il est facteur de paix sociale.

---

5 Fin de l'assistanat

Le Revenu Citoyen éradique la misère et améliore ainsi la santé publique, l'éducation, la dignité et la paix sociale. Il garantit à tous l'accès aux biens et services essentiels. Moins il y a de pauvres, moins il y a de malades et mieux l'éducation se porte. Conséquences financières positives, économies substantielles.

RMI, RSA, RMA, bourses d'études, allocations chômage, allocations logement, allocations familiales, aide aux transports, subventions à la charité, restaurants du cœur, mendicité disparaissent. Suppression des statuts spéciaux, suppression des niches fiscales, les tarifs différenciés entre classes d'âge ou catégories de population ou de revenu, le statut des intermittents, les avantages accordés aux riches pour employer des gens de maison… Économies immédiates considérables.
Supprimer assistanat et allocations, la droite en a rêvé, les Esprits Libres le font, mais ils le font en opposition à la politique économique de la droite.
Fin des principaux coûts de gestion des allocations sociales. Un chômeur « coûte » 17000 € à l'État soit 1400 € par mois… et l'État coûte le malheur de l'assistanat à un chômeur qui ne voit pas la moitié de la couleur de cette somme. En supprimant également les allocations chômage, sans gros effet puisque le chômage devient marginal vue la réduction drastique du temps de travail, ce sont 600 € de financés sur les 1000 € à collecter.

Plus d'assistanat, de pauvres, de fraude, de chômage. Liberté retrouvée dans son rapport au travail, égalité de traitement et de revenu hors travail et fraternité partagée d'un revenu qui nous est commun. En ce sens ce revenu est **citoyen**.
Tâche de financement aisée quand on sait que pour financer 400 € donnés à un chômeur, il nous faut prélever aujourd'hui 1200 € d'impôts, alors que pour financer le R.C. il suffit de prélever son montant exact sans coût de gestion. La feuille d'impôt de chacun part avec un crédit d'impôt de 1000 € X 12 mois = 12000 €. Si vous avez plus d'impôt, vous payez la différence débitrice, si vous avez moins d'impôt, vous être crédité de la différence.

Notons qu'avec les taux de prélèvements actuels l'aide sociale en général, allocation logement incluse, l'allocation chômage et le système des retraites exclues, correspondrait environ à un montant de R.C. de 400 € par personne, 230 € pour les enfants qui pourrait être servi sans autre financement.

Pour les Esprits Libres, le R.C. remplace l'aide sociale en général dont l'allocation logement, fait disparaître l'allocation chômage et intègre le système des retraites.
En intégrant les sommes affectées à l'allocation chômage qui disparaît et aux retraites, un montant de R.C. de 600 € par personne, 200 € pour les enfants peut être servi sans autre financement. Il reste à financer 400 € et la part majorée du R.C. pour les retraités relevant de l'ancien régime. Mais cette somme ne manque pas pour les plus aisés puisque leur imposition supplémentaire est plus forte que le R.C. qu'ils perçoivent. Nous compensons les 400 € à trouver principalement en resserrant l'échelle des revenus et en taxant le patrimoine et les gros héritages. Ce nonobstant les effets fiscaux positifs induits.

---

6   Économie et société AVEC marché

Le REVENU CITOYEN nous fait passer d'**une économie et d'une société DE marché**, à **une économie et à une société AVEC marché**. Il organise la **primauté de l'être** sur l'avoir, l'image et le paraître.

Leçon de marxisme et d'économie politique à l'ex-trotskiste Jospin qui, fin dialecticien disait : « *Je suis pour une économie de marché, je ne suis pas pour une société de marché.* ».
Laurent Fabius, critiquant la proposition de son rival Strauss-Kahn consistant à verser un pécule aux jeunes et « *après tu te débrouilles* », rappelait, en la tronquant, la citation de Lionel Jospin : « *Lionel Jospin disait avec justesse :* « *L'économie de marché existe, je ne suis pas partisan d'une société de marché* ». *Là, c'est le troisième stade : ce n'est pas l'économie ni la société, c'est la pensée de marché.* »
Que penser de ces tergiversations ?
Il nous faut remettre les choses à leur place, remettre les pendules à l'heure, comme dirait Julien Dray collectionneur de montres qu'il achète parfois très cher en espèces.
Convoquer Karl Marx, Jaurès, toute l'économie politique, toute la science politique, *tutti quanti* et les autres pour écarquiller les petits yeux de nos amis laborieusement socialistes.
Pourquoi Fabius déforme-t-il le propos de Jospin ?
Jospin, on le constate, avoue son ralliement à l'économie DE marché. Fabius fait semblant de ne pas l'entendre. Draguant à gauche, pour cause d'investiture, l'ex-social libéral ne veut pas parler de « ralliement » mais de « constat » : **«** *L'économie de marché est là, c'est un fait incontournable, on ne peut revenir en arrière mais nous ne l'avons pas voulue.* **»,** toujours « *responsables mais pas coupables* ». Nuance entre l'entriste, très triste en effet, trotskiste qui avoue « *je suis pour* » comme Sardou dans la chanson, et le repenti Fabius « *c'est un fait* ».
« *J'suis qu'un pauvre fossoyeur et si la mort n'existait plus j'crèverais de faim sur mon talus.* » Georges Brassens.
Notre gauche se divise :
- Ceux qui combattent l'économie de marché : anarchistes, communistes, trotskistes, anticapitalistes, anti-libéraux.

- Ceux qui constatent l'économie de marché, la déplorent mais font avec sans espoir ni volonté de pouvoir revenir en arrière. Pensée morte-Emmanuelli, honteuse-Fabius ou opportuniste-Mitterrand, les socialistes.
- Ceux qui la constatent, s'y rallient mais veulent la réguler : Jospin, Rocard, Strauss Kahn, les sociaux-démocrates et sociaux-libéraux, Rocard.
Tous commettent une erreur dialectique, à partir d'une volonté, **d'intentions bonnes** dont ils pavent leur pensée, tous sauf les opportunistes mitterrandiens et leur mentor sans scrupule hors de la gauche.

Concernant la dialectique :
L'économie DE marché entraîne la société DE marché qui entraîne la pensée DE marché.
Celui qui accepte, ou se rallie, ou constate l'économie DE marché sans la contester est de fait impuissant face à la société DE marché et à la pensée DE marché.
Comme on ne peut avoir le beurre et l'argent du beurre, **on ne peut avoir l'économie DE marché et la société sans ou simplement avec marché, on a une société DE marché.**
Esprits Libres et marxistes sont, pour une fois, d'accord. Le réel fait mal quand on s'y cogne.

Dans ces conditions dialectiques ne reste-t-il que la réponse cohérente des marxistes qui veulent une socialisation des moyens de production, une révolution un soir plutôt de grande taille ? En restons-nous au socialisme historique et dialectique, à la lutte des classes et naguère à la dictature du prolétariat ?
La réponse est libérale-égalitaire, libérale-libertaire, centriste, réformiste radicale, elle est esprit libre citoyen. Le marché existe et nous le régulons comme les sociaux-démocrates.
Mais l'économie comme la société comme la pensée n'est pas seulement mercantile, elle est aussi distributive, dotée d'une fiscalité d'utilité publique et écologique, de service public, de communs, solidaire, sociale, étatique…
Contrairement à toute la classe politique qui se partage entre partisans de l'économie de marché plus ou moins régulée et adversaires de l'économie de marché, **nous sommes pour une**

économie AVEC marché et non DE marché, pour une société AVEC marché et non DE marché.
Nous sommes contre l'économie DE marché car elle entraîne la société de marché et la pensée de marché.
Limité et régulé, le marché est productif et bénéfique. Non limité et non régulé, il est criminel et suicidaire. Interdit, il entraîne le collectivisme, le totalitarisme ou l'anarchie.
Notre positionnement nous distingue et nous positionne dans la perspective d'une nouvelle société.
Revenu Citoyen comme combat contre la politique dite sociale et contre les aides et allocations, contre le plein emploi, pour la liberté de licencier et d'embaucher, pour le service public garanti et ininterrompu, pour l'emploi et le service public partagé, pour la créativité.
Le marché ne signifie pas le capitalisme qui est tout marché.
L'absence de marché, collectivisation et planification, fige l'économie et la société dans un dictat totalitaire tuant la créativité. Le marché, le public et les communs doivent s'harmoniser. La **fiscalité d'utilité publique** avantage les secteurs autogérés et coopératifs et l'utilité culturelle, sociale et environnementale. Elle est tant qualitative que quantitative. Elle limite la concentration et les monopoles, le gaspillage et l'obsolescence. Elle instaure la **démocratie économique**.

Une économie distributive et non redistributive
Le marché florissant et actif mais l'essentiel du commun doit échapper à la loi du marché et à la centralité du couple travail-capital, afin de définir une citoyenneté fondée sur une spiritualité civile et laïque, sur la primauté de l'être dans la politique, dans l'organisation de la cité, sur la créativité.
Les Esprits Libres discernent ce qui dépend du marché, offre demande, ce qui en dépend partiellement et ce qui n'en dépend pas. Ils mettent en place une fiscalité d'utilité publique fusionnant CSG et impôt personnalisé et à la source sur les revenus et tenant compte des qualités et non seulement des quantités dans l'imposition. Ce à l'avantage du commerce de proximité, de l'artisanat, de la petite entreprise, de l'agriculture écologique, de la pêche raisonnée, de la petite exploitation, de la recherche, de la santé, de la culture, de la qualité de la vie et des produits. Le

R.C. est une régulation républicaine et libertaire de la part libérale de l'économie.
Nous sommes libéraux car partisans des libertés et acceptant le marché mais dans une acception républicaine et citoyenne. Libéraux-libertaires car le marché, dont la domination du capital financier est inacceptable, ne peut à lui seul réguler la distribution des richesses et organiser la cité.

Pour le libéralisme politique, contre le néo-libéralisme
Le libéralisme politique est une valeur essentielle de la gauche libérale et libertaire contre la gauche totalitaire. En remplaçant le terme de capitalisme par celui de libéralisme, l'extrême gauche et le PCF, entretiennent la confusion et gratifient le système capitaliste, qui n'est le plus souvent pas libéral mais répressif et monopoliste, et qui, traité de libéral, apparaît comme défenseur des libertés. Avec cette fausse analyse, on en arrive à traiter Pinochet de libéral et bientôt les Chinois seront taxés de libéraux. Dialectique minable, incapacité sémantique à combattre le capitalisme. La gauche totalitaire anti-libérale se fait l'alliée du capitalisme. Assimiler le capitalisme au libéralisme constitue plus qu'un crime, c'est une faute qui range *de facto* le capitalisme dans le camp de la liberté. Confusion entre libéralisme politique, qu'il s'agit de défendre, et un libéralisme économique outrancier, néo-libéralisme, qu'il s'agit de combattre. Naturellement cette extrême gauche non libertaire est aussi ennemie du libéralisme politique, de la liberté tout simplement. Défendons le libéralisme politique face aux totalitaires autant qu'il nous faut combattre un certain libéralisme économique, le néo-libéralisme capitaliste.
Ceux qui sont incapables de distinguer le libéralisme politique du libéralisme économique, du néo-libéralisme et du fascisme se sectarisent tentés qu'ils sont par le social-fascisme. Ils suivent l'affect de la colère sur lequel le populisme surfe.

Parlons économie AVEC marché et société AVEC marché
Soit mais quel est le second terme, qu'est-ce qui dans l'économie et dans la société n'est pas le marché, ne relève pas du marché ? Ce sont, en particulier, les **communs.**
Nous parlons d'économie avec marché et communs et de société avec marché et communs.

Le marxisme considère que l'économie est déterminante en dernière analyse. Cela a donné la misère ou le capitalisme monopoliste d'État ou la chinoiserie communisme et capitalisme, couple infernal.
La culture, les communs et la nature sont, en dernière analyse, déterminants dans les rapports dialectiques individus-marché. Communalisme et libéralisme politique, écologisme fixant les limites, le cadre du libéralisme politique, l'exercice du marché, socialisme libéral et libertaire, écosocialisme, communalisme, anticommunisme, anticapitalisme.

Dans la dialectique communs-marché, que l'on retrouve tant dans l'économie avec communs et marché que dans la société avec communs et marché, l'élément « communs » doit rester déterminant en dernière analyse si l'on considère que la nature est un commun et que la culture apportée par le citoyen en est un autre. Dans ce cadre, dans cette problématique, dans cette conception du monde le marché s'exerce « librement ». C'est dire que sa liberté est relative en ce sens qu'il ne peut s'en prendre aux communs ni dominer les individus, les vies, la culture. Nous sortons de l'*homo-economicus* et de la marchandisation de la culture. **Le marché est placé sous un régime de légalisation contrôlée**.
L'État libéral-libertaire, socialiste écologiste, social-écologiste garantit le marché dans ce cadre communaliste écologiste. Réfutation du marxisme et du capitalisme, de la droite et de l'extrême gauche. Le cadre démocratique va du centre droit à la gauche dans ce cadre écologiste et communaliste. Cadre démocratique excluant le capitalisme et le communisme et ses partis, droite, extrême droite et extrême gauche dont les partis communistes ou ce qu'il en reste de débris. Le XXème siècle aura été celui de la barbarie, le XXIème sera celui du communalisme libéral-libertaire, du social-écologisme avec marché régulé et spiritualité rationaliste, civile et laïque.
Mauvaise pioche la social-démocratie n'est pas épargnée avec son ralliement à l'économie DE marché. Il va falloir rétrograder à l'économie AVEC marché sans adopter les lubies de l'économie sans marché, étatisée, capitalisme monopoliste d'État ou capitalisme ouvert d'État, passer de la social-démocratie à la social-écologie libérale-libertaire.

Les doctrines de l'assistanat, du social, du droit au logement, du statut des intermittents, des statuts et régimes spéciaux de retraite et autres doivent aussi être dépassées.

Passons à la citoyenneté qui exige le Revenu Citoyen aligné sur le seuil de pauvreté situant chacun dans l'accès aux communs et faisant de la culture et de la santé les biens communs premiers, fondamentaux d'accès libre permanent.

Le but n'est pas la croissance ou l'emploi, il s'agit de faire de son existence une œuvre d'art, primauté de l'être et de la créativité dans l'organisation de la cité.

———————————————

7   Centralité de la créativité

La centralité de la créativité remplace celle du travail
Le R.C. libère du productivisme capitaliste ou socialiste
Il ne s'agit pas, et heureusement, de fournir un emploi à tout le monde mais seulement aux demandeurs. Le but de la vie n'est pas de travailler mais d'être créatif, de s'émanciper. Le travail peut émanciper mais ce n'est pas le cas pour la majorité des travailleurs. Le **Revenu Citoyen**, c'est la liberté pour chacun de travailler à son rythme. « *Nous n'avons pas à gagner notre vie, nous l'avons déjà.* » Boris Vian.

Le travail est pour la masse un lieu d'aliénation, de soumission, de subordination. Pour une minorité privilégiée seulement un plaisir et un lieu d'exercice de la créativité.
Travail et capital sont liés. Le travail est devenu valeur centrale, organisateur de la cité, dans les systèmes productivistes matérialistes capitalistes et socialistes. Réalisation individuelle et lien d'ordre social se fondent sur le salariat, sur l'exploitation de la force de travail au bénéfice du capital. Confronté à la baisse tendancielle du taux de profit, à l'épuisement des ressources naturelles, à la croissance démographique, à la violence politique et à l'automatisation, ce moment productiviste peine à augmenter la production, à développer la croissance et le PIB, à créer des emplois, à juguler le chômage, à faire face à la contestation. Il en résulte pouvoirs autoritaires, concentration monopoliste du capital, pouvoir de la rente et de la finance, surconsommation, obsolescence, pollution, gaspillage, crises, misère et souffrance en particulier au travail qui se dégrade et se raréfie. Étape marquant un recul dans l'histoire de l'humanité entrainant une crise existentielle, politique, économique, sociale, écologique, une perte de repère et de sens.

Redonnons du sens, affirmons l'humain et les communs face au capital débridé. Obtenons de meilleures conditions de travail, des salaires décents, des cadences ralenties, des contrats non précaires, l'égalité hommes-femmes, des écarts de revenus réduits.

Obtenons une démocratisation des conditions de la production, une place meilleure pour les salariés et leurs syndicats, une répartition plus équitable des profits entre travail et capital.
Reprenons la main citoyenne sur les communs. Relocalisons la production économique, la production agricole et celle des énergies. Développons les alternatives d'économie sociale et solidaire, coopérative et écologique.

Remplaçons la centralité aliénante du travail par celle de la créativité. Reprenons les nobles objectifs des socialistes utopiques, réformistes, libéraux, libertaire, autogestionnaires, libérons autant que faire se peut l'humain du travail salarié. Instaurons un R.C. libérant du travail aliénant pour un travail créatif. Le R.C. favorise la contribution bénévole à la création de richesses sociales non marchandes.
Le chômage cesse d'être un problème social, la croissance cesse d'être un objectif social. Croissance et décroissance sont ciblées et recherchées en fonction du bien vivre commun.
Nul besoin de croissance pour éradiquer la pauvreté. Le R.C. rétribue l'éventuelle contribution bénévole de chacun à la création de richesses sociales non marchandes. Il reconnaît de fait la créativité, le bénévolat, l'engagement associatif. Il nous libère du productivisme. Il permet d'en finir avec le rêve fou de la politique du « plein emploi » qui ne se réalise jamais et qui voit, impuissante, le chômage monter. Supprimons, chaque fois que possible, les travaux inutiles et aliénants en remplaçant l'homme par des machines.
« *Notre priorité, c'est l'emploi, l'emploi, l'emploi !* » Manuel Valls, 2015. Quand les idiots du « plein emploi », de « l'emploi pour tous » créent dix emplois aidés et inutiles, le génie humain fabrique une machine qui fait disparaître heureusement mille emplois. Heureux avantage du tracteur et de la créativité sur la bête de trait, la sueur du travailleur, le travail des enfants. Sortons de la centralité du travail, du travail précaire, de la recherche de la croissance à tout prix, sans discernement, respectons l'humain, en sortant de l'*homo-économicus*, conçu uniquement comme travailleur, salarié et consommateur, accessoire du marché. Sauvons l'humanité et préservons la planète et sa nature par l'écologie contre le productivisme et la pollution.

Pour un même résultat, moins on travaille, mieux c'est, philosophie qui entrave les sordides calculs productivistes.
Le R.C. remet en cause le monopole du travail, du capital, de l'héritage, des rentes et de l'assistanat dans la distribution des revenus et introduit une part citoyenne libertaire commune ne dépendant pas du marché. Il partage également entre tous les citoyens un R.C., un bien commun, véritable fraternité héritage des générations passées. En ce sens, le R.C. est un dépassement du marxisme et de la lutte des classes puisqu'il crée une appartenance citoyenne existentielle soldée par un revenu commun et une préservation judicieuse du marché sans son hégémonie capitaliste. « *Grande relève des hommes par la science* », comme l'ont affirmé les clairvoyants distributistes, passage d'une économie redistributive à une économie distributive. Le grand partage du travail qui résulte permet de retrouver des offres d'emploi disponibles, sans les chercher, en se fixant comme objectif social la suppression des emplois aliénants par les machines.

Revenu Citoyen, « valeur travail » ou valeur du travail ?
Le R.C. revalorise le travail effectué et n'encourage nullement la paresse. Exemple : Aujourd'hui en travaillant 35 h on touche un smic net de 1130 €. En restant chez soi on touche généralement entre 400 € et 600 € d'aides dites « sociales », voire bien plus, que l'on supprime, en tout ou partie, si l'on trouve un travail déclaré. Cela pousse à travailler au noir et à bénéficier des minimas sociaux.
Aujourd'hui, travailler 35 h rapporte entre 500 € et 730 € net de plus que de ne pas travailler. Avec le R.C., travailler 35 h c'est toucher 35 h et ne pas travailler n'apporte rien car les allocations et l'assistanat disparaissent.
Avec le R.C., le fait de travailler 35 h rapporte 1130 € net de plus que de ne pas travailler. Avec le R.C. le travail est donc revalorisé de 30 %. La différence entre travailleur et non travailleur, qui est dans notre exemple aujourd'hui entre 500 € et 730 €, passe à 1130 € avec le R.C. !
Aujourd'hui les travailleurs ont 1130 €, les assistés ont au moins 400 € : différence 730 €.

Avec le R.C., les travailleurs ont 1130 € + R.C. de 1000 € soit 2130 € et les non travailleurs ont seulement le R.C. de 1000 €, différence 1130 € soit l'intégralité de la valeur travail mieux reconnue. Le R.C. constitue une meilleure et juste revalorisation du travail et un plus grand écart de revenu entre ceux qui travaillent et ceux qui ne travaillent pas.
En fait, l'écart sera moindre puisque le travailleur salarié sera aux 24 h laissant un temps libéré de 3 ou 4 jours par semaine. La différence entre travailleur et non-travailleur sera donc moindre et le temps libre du travailleur le rapprochera aussi du non-travailleur. La communauté et la solidarité, sont renforcées, le travail est revalorisé, personne n'est assisté.

La valeur du travail, sinon la « valeur travail », est précisément défendue par le R.C. Les opposants, eux, défendent la valeur « emploi » à tout prix et le plus souvent à celui de l'exploitation de la personne. Le principe du revenu universel est, philosophiquement parlant, libéral, celui du R.C. est libéral-libertaire. Les conservateurs du système se condamnent à l'assistanat inique et impuissant qui rabaisse ceux qui le perçoivent et laisse 7 à 10 millions de personne en-deçà du seuil de pauvreté. En outre, ils animent la fable du plein emploi et le mythe de la croissance productiviste qui détruit la planète, même s'ils affichent des programmes inverses, pillés chez nous écologistes, et paravents de l'indigence de leur pensée. Les adversaires du R.C., partisans de l'exploitation, sont les ennemis des classes laborieuses. Qui défend les travailleurs ? Qui veut les libérer de l'esclavage salarié ?
L'extrême gauche ferait bien de méditer sur le fait que, pour financer le R.C., il faut nécessairement s'en prendre au capital financier, aux multinationales, aux patrimoines, aux rentes, salaires et dividendes excessifs. On ne peut se prétendre de gauche et ne pas vouloir abolir la misère et ne pas vouloir instaurer le R.C., profondément égalitaire et universel, sauf à relever d'une gauche productivisme et croissancisme marxiste ou social-démocrate.

---

8 Réduction et partage du travail

Travailler moins mais mieux, associé à la **fiscalité d'utilité publique**, ouvre le chemin de la réduction de la production inutile et du gaspillage et celui de la décroissance sélective.

Réduction de temps de travail, avec perte de salaire, sans perte de revenus
Le **Revenu Citoyen** permet d'opérer une réduction du temps de travail sans perte de revenu global. La réduction du temps de travail se heurte aujourd'hui à la difficulté à baisser les revenus des salariés qui pourraient sombrer dans la pauvreté en devenant travailleurs pauvres en faisant trop peu d'heures. Se heurte aussi à la difficulté à augmenter le coût du travail par des augmentations de salaires pour les employeurs risquant de se trouver en difficulté. Nombre de partisans, de gauche ou écologistes, de la réduction du temps de travail la veulent sans perte de salaire. On rase gratis et les employeurs font la grimace. Le R.C. fort permet de réduire le temps de travail légal sans changer le taux horaire c'est-à-dire avec la diminution correspondante du salaire mais avec augmentation du revenu global final cumulant revenu du travail et R.C. Le R.C., cumulé au salaire, maintient le revenu tout en réduisant le temps de travail et il n'augmente pas la charge salariale pour l'employeur.

Le R.C. **partage le travail et supprime le chômage** en ramenant à 32 h immédiatement puis à 24 h progressivement le contrat de travail. Les offres d'emploi ainsi libérées mettent fin au chômage. Les salariés, du public ou du privé, disposent de 3 ou 4 jours pleins par semaine.
Le R.C. ramène immédiatement à 24 h ou à 16 h, au choix du salarié, le contrat de travail des travaux pénibles, des travaux sans qualification et des travaux payés au salaire minimum. Les salariés sans qualification disposeront de quatre jours disponibles par semaine pour, entre autres, mener à bien leur formation et leur reconversion. Ce partage du travail entraîne une réduction drastique du chômage par la démultiplication des offres d'emploi. Ce n'est plus seulement le travailleur qui cherche, c'est l'employeur qui doit offrir, le rapport s'inverse.

Droit au travail dans la fonction publique
Tout citoyen, demandeur d'un emploi fonctionnaire, peut effectuer six ou huit heures de travail par semaine dans la fonction publique. Les administrations sont déployées en fonction de cette demande d'autant que tout travail fonctionnaire, comme tout travail salarié, est ramené à 18 h ou 24 h par semaine à convenance. Ainsi le travail salarié disponible est largement partagé. Tout salarié, public ou privé, dispose de 3 ou 4 jours pleins par semaine selon qu'il choisisse de faire ses 24 h en 3 fois 8 h ou en 4 fois 6 h. Travail fonctionnaire cumulable à d'autres professions. Le R.C. permet de reconvertir les fonctionnaires des services dits sociaux vers l'éducation, la culture, la santé et le service public utile.

Croissance, décroissance, revenu…
De bons esprits affirment que la croissance ne reviendra pas, que ce n'est pas possible et les plus fins ajoutent que la planète étant limitée, ce n'est pas souhaitable.
Pourtant si le pays se met malencontreusement à livrer des centrales nucléaires, des porte-avions militaires, des armes à n'en plus finir, des pesticides etc., la croissance reviendra hélas, la funeste, la morbide croissance. Si la conjoncture internationale est favorable la croissance peut aussi connaître des fluctuations qui lui soient favorables. Et si le pays saisissait toutes les opportunités les plus écologiques du développement durable en les exportant beaucoup, une certaine croissance positive reviendrait probablement. Idem pour la fameuse courbe du chômage qui suivrait le mouvement. Pire, si un pouvoir imposait du travail pour tous et le plein emploi par des travaux un tant soient peu forcés, nous inverserions la fameuse courbe. C'est le slogan stupide aliénant « *du travail pour tous* » que la classe politique reprend en chœur jusqu'au cercle bien-pensant : « *Partageons le travail pour du travail pour tous* ». À quand « *le travail c'est la liberté* » vu à l'entrée des camps ?
Si nous voulons partager le travail c'est principalement pour mieux le limiter, pour que quelques-uns n'en supportent pas l'exclusivité du fardeau et non pour du travail pour tous.
Les Esprits Libres sont philosophiquement épicuriens mais aussi cyniques et conséquencialistes. Nous ne sommes pas méchants. Le travail, nous ne le souhaitons à personne s'il n'est

pas synonyme de créativité et nous souhaitons dans le devenir historique l'abolition du travail salarié. Le travail n'est acceptable que dans la mesure où il est utile, où il recoupe la créativité et l'émancipation de chacun. Sinon il doit être limité autant que faire se peut et progressivement disparaître. Moralement nous devons rejeter ce système productiviste. Il ne s'agit pas d'une analyse de conjoncture, d'une histoire d'offre et de demande, et cette position critique s'applique tant aujourd'hui qu'au début de l'ère capitaliste ou face aux expériences socialistes naissantes. Ce sans même considérer la conjoncture ou l'état de la planète qui viennent cautionner une argumentation plus profonde, peuvent faire peur, mais ne sont pas des arguments premiers.

Nous voulons la décroissance des choses néfastes, de la surproduction, du gaspillage, de l'industrie guerrière et nucléaire, et la croissance des choses positives, de l'éducation, de la santé, de l'écologie, de l'art, de la créativité.

Nous voulons un minimum de travail pour un maximum de bonheur collectif et individuel. Le travail nécessaire au bonheur de l'humanité et pas une pelle de plus. Nous voulons la créativité pour tous et non le travail en soi le travail puisque au contraire nous voulons largement nous en libérer. Nous voulons un revenu commun et suffisant afin que personne ne soit dans la misère et que chacun puisse être créatif sans passer sa vie à la gagner. Objectif atteint par une économie distributive dont la fiscalité d'utilité publique distribue un revenu commun qui s'ajoute aux autres revenus dont ceux du travail accessoire et non vital.

Certains programmes d'extrême gauche proposent un smic augmenté passant de 1140 € à 1300 €. Oublié le partage du travail, maintenu l'assistanat de misère, combattu le R.C.

Nous augmentons le Smic de 5 % et le temps du travail légal passe à 24h. Un droit au travail de 8h par semaine est créé.
- Revenu Citoyen seul : 1000 € et 7 jours libres
- Smic net 8 h /semaine : 272 € + 1000 € = 1272 € /mois et 6 jours libres.
- Smic net 16 h /semaine : 544 € + 1000 € = 1544 € /mois et 5 jours libres. Le mi-temps est optionnel pour tous.
- Smic net 24 h /semaine : 816 € + 1000 € = 1816 € /mois et 4 ou 5 jours libres.

9   Fiscalité d'utilité publique

Financement du Revenu Citoyen
Il ne s'agit pas de financer un revenu de base hors d'un projet de société. Il s'agit de financer un **Revenu Citoyen** dans le cadre d'un projet social et sociétal.

Un budget global
Il n'y a pas à se poser la question spécifique du financement du R.C. Dans notre République, les impôts et autres recettes de l'État ne sont pas affectés à tel ou tel poste, à une dépense mais sont versés dans le budget général. Il s'agit de financer le budget global de la nation comprenant des recettes et des dépenses. L'ensemble des dépenses exige des recettes équivalentes. Il s'agit de considérer les effets de l'introduction du R.C. et d'obtenir, par des mesures fiscales d'utilité publique, un équilibre entre recettes et dépenses.

Recettes et financement
Les recettes, qu'il s'agit de récolter parallèlement à la mise en place du Revenu Citoyen, peuvent être trouvées de multiples façons selon les politiques menées et leurs sensibilités de droite, de gauche, du centre ou d'ailleurs.
Nécessaire transfert de la politique sociale d'assistanat actuelle, qui permet de financer plus de la moitié du R.C., et augmentation progressive de l'impôt sur le revenu et de la CSG fusionnés et personnalisés, du patrimoine, de l'héritage et des transactions financières. De sorte que les revenus médians fassent une opération positive, leur Revenu Citoyen dépassant l'augmentation de leur imposition. Que les sans-revenu et les bas et moyens salaires soient gagnants et se situent au-delà du seuil de pauvreté. Que les très hauts revenus et très hauts patrimoines soient perdants, paient plus qu'ils ne reçoivent en touchant le R.C. Non seulement pour ces derniers la question du financement ne se pose pas mais ils sont débiteurs et participent au financement. Pour les plus riches, on a repris plus d'une main ce que l'on a donné de l'autre. Dans l'ensemble, un corps social considérablement gagnant.

Ce financement n'est qu'une trame modifiable mais l'équilibre doit subsister et la philosophie générale reste libératrice, libérale-libertaire, en ce qu'elle remet en cause la centralité du travail si ce revenu est au moins égal au seuil de pauvreté, moitié du salaire médian.

En ce sens, notre proposition de revenu de base inconditionnel, de revenu d'existence, mérite son appellation de **Revenu Citoyen** qui remplit pleinement sa fonction de socialisation citoyenne par l'éradication de la pauvreté et la nouvelle centralité paradigmatique autour de la créativité et de l'écologie.

Au-delà du financement
Ce débat sur le financement, bien que probant, n'est certainement pas le plus important lié au R.C. tant il est évident qu'un système distributif égalitaire est plus efficace et beaucoup moins coûteux, que le lourd système redistributif inégalitaire, qui laisse sur le carreau neuf millions de personnes.

À tel point que l'économie réalisée sur le coût du fonctionnement du système, quasi nul pour le R.C. qui n'est qu'un chiffre dans une colonne sur la feuille d'impôt, et les gains sociaux induits inestimables dans tous les domaines produiront des résultats remarquables. Prospérité assurée au-delà de notre entendement actuel, modèle immédiatement envié et copié dans le monde et élément essentiel de la restructuration, de la nouvelle donne politique, écologique, économique et sociale européenne.

Le débat philosophique lié au R.C. est bien plus important pour délivrer les esprits qui, lorsqu'ils finissent par voir quel jeu d'enfants est la question du financement, deviennent des esprits libérés de cette question, des Esprits Libres. Celui qui pose la question du financement ne comprend pas le concept du R.C. Saisir le concept au fond c'est immédiatement régler et dépasser cette question.

Avant de poser la question du financement, il faut poser la question de l'accord ou non avec le R.C. Si on est d'accord avec le R.C., avec ses mécanismes et sa philosophie, on règle immédiatement la question du financement qui relève de l'intendance, qui ne peut que suivre, tant la mise en place du R.C. est facile si on la désire politiquement. La mathématique du R.C. suit automatiquement la philosophie du R.C. mais la

mathématique ne peut venir sans la philosophie. Si l'on passe nécessairement par la question du financement, tant que l'on se la pose en tant que difficulté, on n'a pas compris le R.C.
Si nous considérons le programme des Esprits Libres qui constitue un cadre d'application du R.C. et si nous prenons en compte les économies réalisées entrainant une baisse des prélèvements en général, l'entier financement est absorbé en conservant le taux actuel de prélèvement. Pour autant les Esprits Libres sont favorables à combiner ce processus à une légitime et nécessaire augmentation de l'impôt sur le revenu et la CSG fusionnés et personnalisés comme du patrimoine, des rentes et de l'héritage afin de resserrer l'échelle des revenus objectif libéral égalitaire que nous fixons, volonté écologique non productiviste, citoyenne, républicaine fraternelle.

Posons les vraies questions
Comment affecter les gains de productivité et les bénéfices engrangés par les effets positifs de R.C et comment rester écolo compatible avec cette abondance ? Nous souhaitons par exemple une baisse importante des charges sociales des entreprises pour les rendre compétitives et de celles des salariés pour augmenter les salaires. Comment réduire l'échelle des revenus et richesses patrimoniales ? Comment appréhender le reste du monde et l'écosystème quand notre économie et notre société vont d'un coup se distinguer ? La question que pose le R.C., investissement social et sociétal considérable, est celle de son utilité et de ce qu'il rapporte.

Fiscalité d'utilité publique
Un gouvernement se fixe un programme de création d'emplois utiles à l'humanité et à la collectivité et de suppression d'emplois inutiles. Oui à la croissance pour les produits utiles et liés au bien public, oui à la décroissance des produits nocifs. Oui à l'agriculture écologique, à la petite production, au respect de la diversité, à l'éco-circulaire, à la permaculture, à l'agroécologie décarbonée. Non à l'agriculture de monoculture productiviste, intensive de destruction de la biodiversité. Les grandes surfaces doivent être plus taxées que le commerce de proximité. Idem pour la pêche intensive et pour tout. La qualité prime sur la quantité et la fiscalité encourage la qualité.

Droits de succession
Le Revenu Citoyen, héritage d'une part des richesses créées par les générations précédentes lors des siècles passés, permet d'augmenter les droits de succession considérant que la distribution du R.C. constitue un héritage à vie et que les héritages ne sont, en tenant compte des niches et astuces, en moyenne aujourd'hui que taxés à 5 %.

Recouvrement d'impôts et de dettes
Ce Revenu Citoyen est-il « inaliénable » ? Fondamentalement OUI, absolument NON. Le R.C. est citoyen et c'est en sa qualité de citoyen qu'une personne le perçoit. Il permet de recouvrir aisément impôts et dettes, contraventions, amendes et sommes dues à l'État par une retenue sur le R.C. assainissant ainsi les finances publiques. Il n'est donc pas inaliénable pour qui doit à l'État. Le R.C. n'est pas soumis à l'impôt sauf à un euro symbolique afin que chacun contribue à l'impôt. Pour une simplification administrative les amendes sont directement prélevées sur la feuille d'impôt où est versé le RC. Celui qui est condamné voit son R.C. amputé, cela fait partie de sa peine ou la remplace et peut aussi financer la réparation à la victime. Garantie que le taux de délinquance va subitement baisser… Retenue également opérée sur l'abstentionniste aux élections.

La banque publique
Le R.C. versé sur le compte de chaque citoyen à la banque publique renforce celle-ci face aux banques privées. Dans sa vie un citoyen peut faire un emprunt d'une à quatre années de R.C. Revenu Citoyen doublé pour une formation d'une ou deux années à disposition de chaque citoyen une fois dans sa vie et remboursé sur les versements ultérieurs.

Revenu Citoyen et baisse des impôts, fiscalité distributive
Le R.C. fait-il augmenter le taux de prélèvement ? Il s'agit d'une argutie car le R.C. **diminue la pression fiscale**. Le versement du R.C. correspond naturellement et dans son ensemble à une baisse du taux de prélèvement. Concrètement on procède au contraire d'un prélèvement puisque l'on distribue. Comment parler d'une augmentation des impôts alors que le Revenu Citoyen consiste à verser 1000 € par mois à chacun sous la

forme d'un crédit sur la feuille d'imposition, d'un impôt négatif, d'un crédit d'impôt ? Ce que vous distribuez en R.C., vous devez le prélever en impôts. Le R.C. étant un impôt négatif, un crédit d'impôt, vous n'augmentez ni ne diminuez les impôts vous prélevez autant que vous donnez, opération blanche.

Le versement du R.C. correspond naturellement et dans son ensemble à une baisse du taux de prélèvement. La mise en place du revenu citoyen fait diminuer, et non augmenter, la pression fiscale car on distribue 1000 € à chacun sur sa feuille d'impôts, et on baisse les charges sociales des employés et des entreprises. Passage de 46 % de prélèvements à 40 %.

Dans son essence même, le R.C. est **une mesure de distribution** de la part de l'État aux citoyens et donc exactement l'inverse d'un impôt. S'il faut lever certains impôts pour le financer, nous ne devrons nous plaindre que si la levée est supérieure à 1000 € par mois puisque l'on nous distribue ces 1000 €. Le R.C. réduit l'impôt car il est un crédit d'impôt et aujourd'hui pour donner 100 € à un chômeur nous prélevons 300 € d'impôts. C'est le coût de gestion des allocations, de l'usine à gaz. Avec le R.C., 300 € prélevés c'est 300 € distribués. Évidente supériorité du R.C. sur l'assistanat et ses machines à gaz de la pseudo protection sociale. On sait alors que le R.C. est de très loin, le moins coûteux système de protection sociale et qu'il est entièrement efficace puisqu'il est versé à tous. Les possédants richissimes en patrimoine et les très hauts revenus au-dessus de 4000 € seront débiteurs, en deçà de 4000 € on sera gagnant, au-delà perdant, puisqu'ils verseront plus qu'ils ne reçoivent, les autres et le bien commun seront gagnants.

Impôts, patrimoine, seuil de revenu maximum
Le Revenu Citoyen implique de taxer la rente foncière et le patrimoine considérant que la distribution du R.C. constitue un patrimoine à vie. Percevoir le R.C., c'est hériter d'une part des richesses créées par les générations passées et se sentir responsable des générations futures.

Un impôt personnalisé et à la source permet l'efficacité et réduit la fraude. Le plus simple consiste à augmenter de façon progressive l'impôt sur les revenus et la CSG fusionnés et personnalisés et à actionner toute la fiscalité d'utilité publique.

Net d'impôt aucun citoyen ne doit pouvoir cumuler un revenu supérieur à dix fois le R.C., cinq fois le revenu moyen de 2020 € qui est lui-même supérieur au revenu médian de 1772 €. Après impôt il ne serait pas possible de percevoir un revenu supérieur à 10000 € net d'impôts. Les salaires, dividendes, retraite et autres revenus peuvent rester mirobolants car, au-delà de ce seuil, l'impôt prend l'essentiel et c'est justice.

Notons au passage que l'un des effets du R.C. est de rapprocher vers le haut le revenu médian du revenu moyen.

Fusion de l'impôt sur les revenus refondu, assiette plus large, taux progressif, et de la CSG plus progressive. Taxation des patrimoines, des revenus financiers et des transactions financières. La fusion permet d'élargir l'assiette actuelle et d'introduire plus de la progressivité.

Impôt progressif sur la *« propriété, l'héritage et le revenu »* reprenant la proposition de Thomas Piketty selon un tableau de progressivité de l'impôt sur la propriété et le revenu. Ainsi, un individu qui aurait un patrimoine 10000 fois supérieur à la moyenne serait redevable d'un impôt annuel sur la propriété de 90 % et sur la succession d'autant. Qui aurait un patrimoine inférieur à la moitié de cette moyenne paierait 0,5 % par an et 5 % sur la succession. Cette imposition progressive forte, permettrait une *« réforme agraire permanente »*, fondée sur une *« propriété temporaire »*. L'arme de la redistribution étant le R.C. Mesures européennes dans le sens du fédéralisme fiscal.

Le R.C. entraîne d'autres baisses d'impôts : charges sociales des entreprises et des cotisations salariales, baisse des dépenses publiques dues à la simplification administrative, etc.

La fusion permet d'élargir l'assiette actuelle et d'introduire plus de progressivité réduisant les inégalités insupportables socialement entre les hauts et les bas revenus et entre les patrimoines, taxe la spéculation et permet de récupérer le versement du R.C. aux plus aisés.

Les réductions d'impôts dues à la simplification administrative, à l'amélioration de la santé et de l'éducation, au partage du travail, à la compétitivité des entreprises, aux rentrées fiscales de TVA absorbent l'imposition si une politique inégalitaire est suivie ou au contraire la maintiennent si une politique égalitaire est suivie. La bonne santé économique peut permettre d'absorber la totalité de l'imposition due au R.C. même pour les plus aisés mais il convient de réduire l'échelle des revenus et des patrimoines en tant qu'objectif social. La suppression des niches fiscales, la taxe sur les transactions financières, celle sur les GAFA et multinationales apatrides s'imposent comme des évidences. La consommation est aujourd'hui moins taxée en France que dans les autres pays européens et le R.C. permet de moduler la TVA en taxant les produits importés et les produits les moins écologiques mais cet impôt indirect frappe les moins lotis.

Resserrer l'échelle des revenus
Le R.C. resserre l'échelle des revenus et porte le minima social à 1000 € quand les hauts revenus, au-delà de 4000 €, qui touchent également le R.C., voient leur imposition augmentée de plus de 1000 € mais bénéficient de la baisse générale des dépenses et des prélèvements car la coûteuse politique sociale disparaît. Opération perdante pour les plus riches qui participent plus au financement du R.C. qu'ils ne reçoivent mais les effets du R.C. sur l'économie et les entreprises sont forts bénéfiques. Les 15 % des plus hauts revenus sont perdants en revenus, c'est-à-dire paient plus qu'ils ne reçoivent en percevant le R.C., mais gagnent en temps disponible. Opération blanche sur le revenu mais gains de temps pour les revenus moyens. Les sans-revenus soient fortement gagnants en revenus, les bas, médians et moyens salaires sont gagnants et en revenus et en temps disponible. Nous levons l'argument selon lequel il ne faut pas donner aux riches qui n'en ont pas besoin car nous reprenons aux plus riches d'une main, augmentation IR-CSG, transactions financières taxées, imposition de 1,5 % sur le patrimoine, niches fiscales supprimées, ce qui leur est donné de l'autre.
En considérant le cadre d'application du R.C., et en prenant en compte les économies réalisées entraînant une baisse des prélèvements en général, l'entier financement est absorbé en conservant le taux actuel de prélèvement. Pour autant nous sommes favorables à combiner ce processus à une légitime et nécessaire augmentation de l'impôt sur le revenu et la CSG fusionnés et personnalisés afin de resserrer l'échelle des revenus objectif libéral égalitaire que nous nous fixons et qui correspond à une volonté écologique non productiviste, citoyenne, républicaine, égalitaire et fraternelle.

Écart entre les revenus nets après impôts
Nous proposons 1 à 10 c'est à dire 1000 € pour le R.C et 10000 € **nets mensuels** pour les plus gros. Le débat gauche droite revient logiquement. La gauche censée vouloir limiter l'écart et la droite laisser filer. Les Esprits Libres ne sont pas moins partageux que les communistes, ils sont moins totalitaires.
Aujourd'hui nous naviguons entre 1 pour les minima sociaux et bien plus de 200 pour les plus hauts revenus.
Pas de limitation aux revenus bruts mais la fiscalité d'utilité publique ramène tout à un maximum de 10000 € nets.
La surconsommation et les inégalités sont source de conflit, de crise sociale et écologique, de mise en danger de l'écosystème. Avec un écart resserré, la société forme un tout solidaire.

Simplification administrative
Le Revenu Citoyen permet la simplification administrative et réduit les coûts de gestion. Aujourd'hui pour verser 400 € nous prélevons 1200 € étant donnée la complexité administrative. Le R.C. entraîne de fortes économies dont la fin du traitement social du chômage et la suppression des allocations diverses. Le montant des allocations supprimées alimente les caisses de l'État et la gestion des caisses sociales est réduite. Étant donnée la simplification administrative et les bénéfices collatéraux, un R.C. de 1000 € par mois n'exigerait que peu de prélèvements supplémentaires. Le RC supprime l'usine à gaz administrative, prélèvement et versement s'équilibrent sans perte. Verser 1000 € c'est prélever 1000 €.
La gestion est simplissime. Crédit d'impôt, impôt négatif, de 12000 €, 1000 € x 12, sur la feuille d'impôt de chacun chaque année. S'il est créditeur l'impôt est versé sur le compte personnel de la banque publique de chaque citoyen français. Transparence et lisibilité totales.
La suppression de l'usine à gaz des allocations et aides « sociales » actuelles, montants versés et gestion administrative des caisses s'ajoutent à celle de la gestion des taxes sur le travail et de celles contre le travail au noir qui n'a plus de raisons d'être. Le R.C. permet de reconvertir les fonctionnaires des services dits « sociaux », vers l'éducation, la culture, la santé, le service public utile et de proximité.

Gains de productivité
Le Revenu Citoyen dynamise la consommation des bas et moyens salaires irriguant le commerce de proximité.
Suppression des taxes sur le travail offrant aux entreprises des possibilités d'embauche et renforçant le pouvoir d'achat moyen. Système gagnant-gagnant, entreprise-salarié. Le R.C. permet de baisser les cotisations sociales de nos entreprises leur redonnant leur compétitivité mondiale. Le secteur productif est plus taxé en France que dans les autres pays. Baisse entièrement compensée par l'augmentation de l'impôt sur les bénéfices dû en particulier à l'augmentation de leur chiffre d'affaires plus probante que la néfaste « taxe robots » et par l'augmentation de la taxation des hauts revenus et du patrimoine. Rentrées d'argent substantielles dans les caisses.

Travail
Le R.C. réduit les cotisations sociales des salariés. Il permet la flexi-sécurité en facilitant de bons contrats de travail d'un côté et les licenciements de l'autre. Embauches et réduction du chômage. Aucun citoyen ne doit craindre perdre son emploi de subordonné. Le R.C. favorise un code du travail simplifié. Il supprime largement le travail au noir car contrairement au RMI, RSA et Cie, le R.C. est cumulable aux autres revenus. Il supprime le régime des intermittents.

Transition écologique, écologie intégrale
Nous reprenons la plupart des propositions et programmes écologiques et veillons à tout ce qui touche à l'art, à l'art de vivre, à la créativité et à la santé.
- Tarifs progressifs dans les communs, eau, gaz, électricité.
- Relocaliser l'industrie, supprimer les aides aux énergies fossiles.
- Favoriser les circuits courts.
- Principe pollueurs payeurs. Soutenir les investissements d'économie d'énergie.
- Biodiversité, éco-circulaire, permaculture, agroécologie décarbonée, forêts et espaces naturels préservés.
- Recyclage et lutte contre l'obsolescence.
- Favoriser la sortie du nucléaire mais poursuivre les recherches sur un nucléaire propre à déchets recyclés et risques réduits.

- Soutenir le rail, les petites lignes, le train de nuit, le fret et le fluvial, les voitures non polluantes.
- Taxer le kérosène et les vols, nationaliser les autoroutes.

Logement
L'isolation thermique des appartements doit s'accompagner d'un urbanisme artistique, écologique et citoyen.
En supprimant les APL, le R.C. ouvre à une nouvelle politique du logement. Les allocations logements disparaissent et cessent d'engraisser les propriétaires et de leur permettre de maintenir des loyers élevés payés de fait par l'impôt de tous sous forme d'APL. Les pouvoirs publics priorisent le logement social des personnes ne disposant que du Revenu Citoyen.

Prisons
Retenues sur le compte du citoyen sur lequel est versé le R.C. permettant de sanctionner ainsi l'incivilité tout en désengorgeant les prisons. Rentrées d'argent et moins de dépenses pénales.

Mariage
Le R.C. supprime les avantages fiscaux du mariage permettant aux femmes d'être indépendantes et introduisant l'égalité fiscale entre mariés, pacsés et célibataires.

Europe
Le Revenu Citoyen sert de modèle social européen dans le cadre d'un noyau fédéral de pays, de solidarités nouvelles contre l'exclusion. Il harmonisera les fiscalités européennes par le fédéralisme afin de limiter la concurrence fiscale entre les pays européens et de combattre les paradis fiscaux.

———————————————

10   Financement et chiffres

Montant du Revenu Citoyen distribué : 1000 € par mois
COÛT TOTAL : 800 Milliards d'€, (transitoirement 878)
RECETTES :   1240 Milliards d'€

BÉNÉFICIAIRES :
0-16 ans : 14,6 millions personnes. 200 € / mois / **35** Mrd d'€ / An
16-18 ans : 1,8 millions de personnes. 400 € / mois /   **8** Mrd
Adultes : 36,5 millions de personnes. 1000 €   mois /   **420** Mrd
Retraites : 16,5 millions de personnes. 1700 €   mois / **337** Mrd

TOTAL DE REVENU CITOYEN DISTRIBUÉ   = 800 Mrd
(Transitoirement versement des compléments
de retraites acquises au-delà de 1700 €   **+   78 Mrd**
TOTAL REVENU CITOYEN DISTRIBUÉ
+ versement transitoire   =   878 Mrd

//

RÉCOLTÉ
 prestations sociales actuelles et retraites :   850   Mrd d'€
            + taxes et impôts récoltés : + **390**   Mrd d'€
TOTAL RÉCOLTÉ   = 1240   Mrd d'€

//

SUPPRESSION DES AIDES EXISTANTES : Une facture de solidarité sociale élevée

En 2016, la France a versé **un total de 714 milliards d'€ de prestations sociales**, 32% de son PIB. L'Hexagone pèse à lui seul 15% des transferts sociaux de la planète.

Prestations sociales tels les APL   18 Mrd d'€
Prime d'activité :   5 Mrd d'€
Allocations familiales et petite enfance : 18 Mrd d'€
RSA prime d'activité   10,9 Mrd d'€
Allocation solidarité spécifique   2,7 Mrd d'€
Exonération bas salaires   38 Mrd d'€
Niches fiscales   34 Mrd d'€
Prestations familiales   36 Mrd d'€
Assurances chômage   38 Mrd d'€
Allocation temporaire d'attente   218 millions
Allocation veuvage   59 millions

Revenu solidarité outre-mer	59 millions
Retraites	314 Mrd d'€

16,7 millions personnes 1472 € de moyenne. Les régimes de base versent en moyenne une pension d'un montant de 1472 € bruts par mois. Tous régimes confondus, cette pension moyenne de droit direct s'élève à 1496€. En incluant les pensions de réversion, cette moyenne passe à **1 649 €**. 75% des retraités perçoivent une retraite de base inférieure à 2 067 euros bruts par mois, réversion incluse50% des pensionnés ne disposent par mois que d'une retraite inférieure à 1 478 euros bruts.

TOTAL DES SUPPRESSIONS =   + 850 M d'€

VARIATION TAXES ET IMPÔTS :
Fusion de l'impôt sur le revenu et de la CSG personnalisée et récupération de plus de 20 % du RC versé aux plus aisés selon un tarif progressif et ascendant.

Impôt sur revenu de 9 % à 16,2 % (79 actuels à 142)	+ 63 Milliards d'€
CSG de 6,6 % en moyenne à 12 % (127 actuels passe à 230)	+ 103 Mrd d'€
Taxe importations non écologiques	+ 3 Mrd d'€
Patrimoine absorbant ISF 1,18 à 2 %	+ 85 Mrd d'€
Taxe Carbone 32 € à 47 € tonne	+ 6 Mrd d'€
Taxe Transactions Financières	+ 15 Mrd d'€
Lutte fraude fiscale	+ 20 Mrd d'€
Suppression niches fiscales :	+ 40 Mrd d'€
Augmentation des droits sur l'héritage	+ 30 Mrd d'€

Taux de taxation progressif sur l'héritage reçu au long de sa vie comme en Irlande depuis 76.
Encadrement secteur bancaire et taxe superprofits : + 6 Mrd d'€
Effets, réduction charges sociales, TVA sociale et recettes d'impôt sur bénéfices : + 2 Mrd d'€
Économie de fonctionnement des services sociaux : + 2 Mrd d'€
Simplification politique et administrative dont intégration des départements aux régions, suppression Sénat et CES, limitation nombre députés, fusion Matignon Elysée : + 2 Mrd d'€
Gains liés à la légalisation contrôlée du cannabis : + 3,5 Mrd d'€

TOTAL DES VARIATIONS =   + 390 Mrd d'€

NON COMPTABILISÉS :
- Écotaxe,
- Gains liés à la réduction du travail au noir devenu inutile,
- Gains liés à l'amélioration de la santé publique devenue prioritaire,
- Gains liés à la réduction de l'absentéisme devenu « non rentable »,
- Imposition des multinationales considérable à organiser,
- Lutte contre la fraude fiscale, l'optimisation fiscale et les paradis fiscaux, inchiffrable, au moins **100** milliards.
Dans ce montage les effets positifs d'une harmonisation fiscale autour d'un noyau fédéral de pays européens et dans le cadre de l'ensemble des pays membres de l'Union sont non comptés.
- Considérables effets financiers positifs de R.C. étant donné une société sans chômeurs, sans assistés, sans pauvres.
RECETTES : Plus de 1300 milliards, pour **878** à trouver !

Embarrassant pour les détracteurs du R.C. ! Et nous rétablissons une fiscalité enfin juste et équitable. Dans le montage, ces sommes peuvent être gommés ou réorientés vers d'autres postes, dettes, recherche…, selon les orientations retenues.
Pour les Esprits Libres, la question qui se pose au politique qui souhaite financer le R.C. est : que faire de tout l'argent récolté ? Ces chiffres prouvent que le montage est possible sans même mettre en place la fiscalité d'utilité publique et la justice fiscale que nous préconisons. Une gestion plus droitière épargnera les plus aisés quand notre proposition vise le bien commun et le redéploiement des sommes récoltées vers les secteurs vitaux, éducation, culture, recherche, écologie, justice, défense, dette, R.C., etc. La fiscalité d'utilité publique et écologique s'impose par souci d'équité pour récupérer le R.C. versé aux plus riches et pour une vraie égalité des chances.
Cette forme de récupération par l'impôt du R.C. versé aux plus aisés et cet excédent dans notre budget signifient que, dans toutes configurations, le R.C. peut être facilement financé en reprenant d'une main ce que l'on a donné de l'autre. L'obstacle c'est l'absence de désir politique de R.C. et l'absence de majorité politique pour le R.C. La mise en place technique, crédit sur la feuille d'impôt, est un jeu d'enfants.

Annexe pour mémoire, chiffres actuels

Smic horaire net : 8,03€
Smic mensuel pour 35 h : 1219€ (152 h/mois)
Salaire net médian : 1770 €, salaire net moyen : 2202 €
Salaire net moyen fonction publique : 2460 €

0 à 10 %	moins de 1200 €	
10 à 20 %	moins de 1342 €	
20 à 30 %	moins de 1471 €	
30 à 40 %	moins de 1609 €	
40 à 50 %	moins de **1772 €**	revenu médian net 1770 €
50 à 60 %	moins de 1974 €	revenu moyen : 2202 €
60 à 70 %	moins de 2244 €	
70 à 80 %	moins de 2682 €	
80 à 90 %	moins de 3544 €	
90 à 95 %	moins de 4526 €	
95 à 99 %	moins de 8061 €	
99 à 100 %	plus	

Explosion des héritages : 95 % des successions non taxées.
60 Mrd en 1980 = 8 % des revenus des ménages,
250 Mrd en 2017 = 19 % des revenus des ménages !
Les 250 milliards ne rapportent aujourd'hui que 12,5 M à l'État.

Avec le Revenu Citoyen

Smic actuel = 8,03 € / h
Sans emploi : R.C. 1000 € = 1000 € /mois
Smic à 8 h /semaine : 278 € + R.C. 1000 € = 1278 € /mois
(droit au travail)
Smic à 16 h /semaine : 556 € + R.C. 1000 € = 1556 € /mois
Smic à 24 h /semaine : 836 € + R.C. 1000 € = 1836 € /mois
Smic à 35 h /semaine : 1219 € + R.C. 1000 € = 2219 € /mois
(Pour comparaison uniquement avec le régime actuel car les travailleurs au Smic passeront au 24 h par semaine).

_____

11 Culture et santé prioritaires

Le Revenu Citoyen nous coûte bien moins qu'il ne nous rapporte et il nous faut inverser la question : que faire avec le surplus ? Réponse : **santé et culture incluant éducation, recherche, investissement, créativité, écologie.** Ces deux secteurs deviennent *de facto* prioritaires puisqu'en matière de social ils deviennent secteurs exclusifs, l'Etat « n'ayant rien d'autre à faire », et ils deviennent doublement prioritaires par choix, par volonté politique d'y investir l'argent collecté par l'impôt redevenu juste.

Il s'agit d'établir une base libertaire, égalitaire et fraternelle entre tous les citoyens, une *respublica*, par une redistribution plus équitable des richesses sans politique sociale onéreuse, et un haut niveau de culture et d'éducation. Dignité retrouvée.

Le R.C. supprime l'assistanat et toute la politique sociale et concentre l'effort social de l'État sur l'éducation incluant formation, culture et recherche, et sur la santé.
État, communes et régions ne s'occupent plus des machines à gaz de l'assistanat. Les fonctionnaires libérés des services sociaux sont redéployés vers la santé, l'éducation, l'écologie et la ruralité redynamisée.

Éducation et créativité prioritaires
Villes citées d'art, lieux d'art vécu.
Individu conçu comme un artiste.
Recherche prioritaire.
L'éternel étudiant.
Lutte contre l'analphabétisme.
Rattrapage scolaire.
Développement de la créativité.
Développement du sens artistique.
Défense de la langue française.
Apprentissage des langues.
Ouverture au monde.
Formation à la citoyenneté.
Formation à la culture générale.
Formation à la philosophie, au droit, à l'économie, à la politique.

Formation aux arts et arts plastiques.
Formation au secourisme.
Formation à l'autonomie.
Formation à l'éloquence.
Formation à l'élégance.
Formation à l'art culinaire.
Formation à la préservation de l'écosystème.
Classe terminale échelonnée sur deux ans et philosophie dès le cours élémentaire.
Formation professionnelle tout au long de la vie.
Échange des savoirs citoyens et intergénérationnels.

Santé prioritaire
Santé et prévention, services publics et protection sociale deviennent prioritaires.
Dépenses de santé dont assurance maladie, handicap, et majoration retraite maintenues.
Nous conservons les 150 milliards du budget santé augmenté de 30 milliards pour les hôpitaux et nous renforçons la recherche, le déploiement dans les zones rurales et l'effort sur les problèmes de santé liés à la pollution.
La santé, incluant maladie, accidents du travail, handicap, dépendance, maternité, est gérée par une caisse d'assurance maladie universelle. Recherche et production de médicaments passent sous légalisation contrôlée avec prise de participation de l'État. La prévention est favorisée et l'excès médicamentaire aligné sur la moyenne européenne.

Face à la Covid, union nationale ou Revenu Citoyen ?
En mars 2020, l'union nationale signifiait prétendre combattre le feu avec des pyromanes.
Les Esprits Libres étaient favorables aux mesures de sécurité prises depuis l'annonce du confinement par le ministre de l'Intérieur venu enfin, à propos, préciser les déclarations trop floues, voire ambigües, du président qui, lui, n'a pas su parler de confinement et confond états de guerre et de résistance.
Les Esprits Libres dénoncent le retard pris un mois durant et l'absence de mesures et annonces progressives et claires, tant techniques que pédagogiques, afin d'impliquer correctement les populations.

Les Esprits Libres ne sont pas dupes de la facile dénonciation des populations et celle, pétainiste, de « l'esprit de jouissance » qui ne sauraient camoufler les responsabilités de l'exécutif.
Les Esprits Libres dénoncent la politique de destruction du service public et en particulier des hôpitaux, entreprises par les gouvernements successifs et poursuivie par celui-là.
Les Esprits Libres soulignent que les mesures d'assistanat prises se font au service du capitalisme et du productivisme incapables qu'elles sont de prendre en compte les plus faibles, les plus démunis, les plus indépendants.
Les Esprits Libres déplorent qu'aucune mesure concrète ne soit prise à l'égard des infirmières et du personnel hospitalier.
Les Esprits Libres déplorent les conditions de travail des médecins généralistes et la pénurie de moyens de protection.
Les Esprits Libres déplorent que les élections aient été convoquées à la légère avec l'aval des forces politiques hors sol mais contre l'avis de nombreux présidents de région.
Les Esprits Libres proposent la mise en place immédiate du Revenu Citoyen de 1000 € mensuels inconditionnels et universels afin de faire face à cette crise existentielle, sanitaire, écologique, politique et sociale dans notre pays.

Coronavirus et Revenu Citoyen
Imaginons cette crise si nous avions auparavant pris la peine de mettre en place le Revenu Citoyen de 1000 € par personne.

Avec le R.C., nous aurions toutes ces dernières années donné la priorité sociale à la **santé**, à l'**éducation**, à la **culture** et à la **recherche.** Le R.C. supprime en effet toute la politique dite « sociale » d'assistanat pour consacrer l'effort social à la santé et à l'éducation. La santé prioritaire aurait du personnel et des moyens suffisants. Avec le R.C. nos personnels de santé seraient à 24 h de travail légal par semaine comme tous les salariés.
Le R.C., véritable organisateur de la cité, est le seul à pouvoir partager le travail de façon drastique et donc à supprimer le chômage en démultipliant les offres.
En période d'épidémie, de mobilisation générale, et si urgence, nous pourrions proposer au personnel médical, sur une base de volontariat, de repasser à 30 h ou 35 h, quand aujourd'hui nous

manquons sévèrement de personnel, et d'infirmières en particulier, et que nous avons un personnel épuisé, parce que débordé, se confrontant à la pandémie !

La situation actuelle des indépendants, des commerçants, des artistes, des intermittents, de tous ceux qui n'ont rien, ou pas grand-chose, et qui se retrouvent aujourd'hui dans l'impasse, sans travail ou à devoir fermer leur commerce, serait bien plus supportable.
Les salariés souffriraient beaucoup moins d'un passage au chômage ou au chômage partiel.
Le R.C. versé sans condition devient fort salutaire, vital, dans les périodes difficiles, individuelles ou collectives.

Aussi, plutôt que d'aider encore les entreprises en finançant le chômage partiel indemnisé par l'État et autres sparadraps, faut-il toujours d'abord penser aux plus pauvres, aux plus exposés face à cette crise, et finalement à tous en tant que citoyens, et non en tant que salariés comme le raisonnent les productivistes de gauche comme de droite.
Nous revenons sur la crise sanitaire dans le chapitre du libertinage politique.

———————————————

12   Écosocialisme libéral-libertaire

Libéralisme d'égalité des chances, de liberté, d'égalité, de fraternité, de laïcité
Le libéralisme politique est l'une des pensées politiques les plus à gauche, les plus libératrices, les plus égalitaires, les plus émancipatrices. Sans libéralisme politique, pas de gauche digne de ce nom.

Refonder la société : principe distributiste, écologiste, socialiste, libéral-libertaire, républicain, universalisme, laïque. Comprendre que le principe même du Revenu Citoyen n'a rien à voir avec la transformation voire la raréfaction du travail. C'est seulement qu'il devient plus urgent mais le principe du Revenu Citoyen s'imposait même par temps de plein emploi, même pendant les trente années dites Glorieuses.
Nous sommes libéraux car partisans des libertés et acceptons le marché mais dans une acception républicaine et citoyenne. « Libéraux-libertaires » car le marché ne peut à lui seul réguler la distribution des richesses et organiser la cité. Inacceptable domination du capital financier comme du productivisme.

L'anti-libéralisme, prétendue philosophie de la misère, véritable misère de la philosophie. L'extrême gauche « anticapitaliste » a changé de vocabulaire et est devenue « anti-libérale ». C'est une régression. Elle est rejointe par les communistes et même par les socialistes. Hollande et Fabius se sont déclarés naguère « anti-libéraux ». Effrayants glissements sémantiques, en fait glissements politiques.
Le capitalisme n'est plus critiqué depuis la fin du communisme, on critique la « mondialisation » et le « libéralisme ». On ne critique plus le capitalisme car l'économie de marché est acceptée, une certaine gauche s'y rallie, c'est l'erreur.

Le libéralisme politique c'est la philosophie des Lumières. Compatible avec la distribution égalitaire de l'héritage du travail des générations passées, l'économie solidaire, l'utilité publique et ses services publics, l'écologie. Il nous faudrait parler d'éco-social-existentialisme.

Il s'agit de reprendre le beau flambeau du libéralisme politique en expliquant que nous sommes pour le libéralisme politique et non économique. Il convient d'expliquer à la gauche que **le libéralisme c'est la gauche,** qu'aux États-Unis, c'est la gauche radicale. Il nous faut expliquer que l'on ne reprendra pas les prérogatives de la République et de l'État, nécessaires en temps de crise, si nous amalgamons libéralisme économique et libéralisme politique. Ne jetons pas le bébé du libéralisme politique, père de toutes nos libertés et qui nous préserve des extrêmes, avec l'eau du bain du libéralisme économique voire du néo-libéralisme économicopolitique, bête immonde.

---

13   Retraite égale pour tous

Remplaçons l'allocation retraite par le Revenu Citoyen majoré à partir de 60 ans. Revenu Citoyen porté progressivement entre 60 et 68 ans de 1000 € à 1800 €.
Même somme pour tous, égaux après le travail.

Les corporatismes égoïstes de tout poil manifestent leur hostilité à la réforme du gouvernement mais ont piscine lorsqu'il s'agit de se mobiliser pour le Revenu Citoyen, preuve de l'impasse politique dans laquelle ils se débattent et/ou de leur attachement aux systèmes productivistes.
La retraite doit être dissociée du travail et du marché et doit être égale pour tous. Rien n'empêchant de cotiser pour des complémentaires privées.

Montant actuel moyen des retraites et contexte
Nous ne pouvons que critiquer la réforme programmée mais reconnaissons qu'elle rend plus compréhensible le système quand aujourd'hui seuls 18 % des citoyens connaissent le montant de leur retraite à venir avec les 40 régimes spéciaux.
Dans le système inique actuel, l'âge légal de départ à la retraite est de 62 ans pour les salariés du privé, de 55 et 57 ans pour les agents de la SNCF et de 50 et 52 ans pour les conducteurs de train. Les chauffeurs routiers n'ont pas cette chance. L'âge moyen de départ à la retraite des policiers, des gardiens de prison ou des contrôleurs aériens est de 52 ans. De 57 ans pour les aides-soignantes des hôpitaux, les policiers municipaux et les ouvriers de la Banque de France.
Les régimes de base versent actuellement en moyenne **une pension d'un montant de 1472 € bruts par mois.** Tous régimes confondus, cette pension moyenne de droit direct s'élève à 1496 € euros. En incluant les pensions de réversion, cette moyenne passe à 1690 € par mois soit 447000 € en moyenne sur toute la période de vie de sa retraite. Avec notre proposition nous sommes à 1800 € de R.C. majoré retraite soit une augmentation moyenne de 110 €.

Notons aussi actuellement **l'écart de 42 % entre les 1933 € de pension de retraite moyenne des hommes et les 1123 € de pension de retraite moyenne des femmes.**
La simplification administrative et le statut unique pourraient, s'ils s'accompagnaient d'une vision sociétale globale, d'une volonté du bien vivre et de justice sociale, avantager les plus pauvres et les femmes, réduire les inégalités, unifier la communauté citoyenne et forger le bien commun. Ce n'est pas le cas dans la réforme proposée dont le seul avantage et de revenir sur le système actuel.
La réforme actuellement préconisée ne prend pas en compte l'espérance de vie et, avec elle, les petits continueront à financer les gros. Les sept ans de différence de vie entre un ouvrier et un cadre signifient que le pauvre, qui n'en profite que peu et pas longtemps, finance la retraite du riche qui en profite plus et plus longtemps.

Nous proposons un **passage progressif à la retraite** de 60 à 68 ans, avec **baisse progressive du temps de travail et hausse progressive du Revenu Citoyen**
62 ans : Réduction de 25 % du temps de travail. Revenu citoyen de 1200 € pour tous.
64 ans Réduction de 50 % du temps de travail, R.C. à 1400 €
66 ans : Réduction de 75 % du temps de travail, R.C. à 1600 €
68 ans : Fin du travail pour qui le souhaitent, R.C. à 1800 €
Même majoration pour les non travailleurs. Chacun restant libre de prendre des complémentaires privées ou de continuer à travailler par plaisir ou afin de majorer ses revenus de retraite.
Proposition financée sans augmenter les prélèvements. Nous passons d'une moyenne actuelle de 1650 € à 1800 € pour tous.
La différence est effet de la simplification administrative radicale et des économies qu'entraînent notre proposition.

Avantage de notre proposition libérale-libertaire
Stricte égalité femmes hommes et rupture avec la centralité du travail. Égalité de tous devant le non-travail. Travail plus justement rémunéré. Pas de travail, pas de salaire, pas d'allocation, pas d'assistanat, Revenu Citoyen pour tous et à vie, majoré pour les retraités. Il va de soi que l'allocation retraite disparaît avec notre proposition comme disparaissent toutes les

allocations. Nous ne payons personne à ne rien faire, en particulier nous ne servons pas une retraite forte aux plus nantis et pour longtemps et une misère faible et courte pour les petits.
Vie décente garantie pour tous quand aujourd'hui nous avons neuf millions de pauvres.
Départ progressif à la retraite rompant avec le traumatisme du départ brutal tout en répondant à la fatigue et à l'épuisement au travail.
Passage en douceur car la perte progressive de salaire est compensée pour partie, et de fait en totalité pour les bas revenus, par la majoration du Revenu Citoyen organisateur de la cité.
Le libéralisme politique exige l'égalité des chances en tout et en particulier sur le plan économique. La démocratie politique implique la démocratie économique.

Clause grand-père
Notre proposition tient compte de ceux qui ont cotisé jusque-là et dont les droits leur permettent d'escompter une retraite au-delà de 1800 € mensuels et la différence leur sera servie à titre de transition sauf s'ils renoncent généreusement à leurs droits dans un esprit communautaire. Néanmoins aucune retraite ne serait servie au-delà de 3600 € mensuels.

La priorité sociale de l'État allant à la santé et à l'éducation la sollicitude, la prise en compte sociale et sociétale des personnes âgées et de leurs conditions de vie sera largement revue à la hausse.

———————————————

14   **Avec André Gorz** (1923-2007)

Philosophe et journaliste, proche de Jean-Paul Sartre, cofondateur du *Nouvel Observateur*, il théorise l'écologie politique et l'écosocialisme. Il critique l'idéologie du travail et se prononce en faveur d'un revenu d'existence.

Il constate la sortie de la civilisation du travail et la grande relève de l'homme par la machine et la science où l'on produit de plus en plus avec de moins en moins de travail. Impossible de s'identifier au travail quand le système n'a plus besoin d'une capacité et d'une force de travail régulière. L'emploi stable se raréfie. Comment concevoir une société dans laquelle le travail à plein temps des citoyens n'est plus économiquement utile ? Comment partager le travail resté utile ? Comment partager les gains de productivité et les économies de temps de travail ?
Comment travailler moins mais mieux tout en recevant sa part des richesses socialement produites ?
La société capitaliste s'obstine à vouloir consommer autant de travail que par le passé dans sa lutte contre le chômage. Elle démultiplie les services à la personne. Pas de capitalisme sans croissance productiviste destructrice de l'humanité. Si on doit changer nos modes de consommation, il faut aussi changer nos modes de production, donc l'organisation sociale.

S'impose un au-delà de l'économie et du travail rémunéré. La rationalisation économique libère du temps, impossible de faire dépendre le revenu des citoyens de la quantité de travail dont l'économie a besoin. Il n'est plus possible, non plus, de continuer à faire du travail rémunéré la source principale de l'identité et du sens de la vie pour chacun.

Transformons cette libération du temps en une liberté nouvelle de gagner sa vie en recevant sa part de richesse socialement produite. Droit, de travailler moins mais mieux et de façon discontinue sans perdre le revenu de manière à reconnaître à des activités sans but économique une dignité et une valeur éminentes, tant pour les individus que pour la société.

- 3 -
Légalisation contrôlée et communs

1 Légalisation contrôlée, l'exemple du cannabis   p.146
2 Légalisation contrôlée de la prostitution   p.155
3 Décroissance économique et démographique   p.161
4 Légalisation contrôlée de l'immigration   p.163
5 Légalisations contrôlées et communs   p.170
6 Mariage non reconnu   p.181
7 Laïcité, ôtons le voile   p.185

1 Légalisation contrôlée, l'exemple du cannabis

Ni prohibition, ni dépénalisation, ni « cannabusiness »
Considérer le désastre sociétal qu'entrainent la prohibition et sa répression c'est aussitôt opter pour la légalisation contrôlée. C'est également refuser clairement la dépénalisation du simple usage et la libéralisation mercantile du cannabis à la hollandaise ou dans certains états américains.
Reprenons le lucide constat et les objectifs définis depuis les années 80 par le Mouvement de Légalisation Contrôlée animé par l'avocat Francis Caballero. Inscrivons la légalisation contrôlée dans une perspective sociale globale de démocratie vivante et de république nouvelle.

L'échec de la prohibition
L'échec des politiques du tout prohibitionniste et du tout répressif en matière de stupéfiants renforce le commerce illégal, développe les économies parallèles, enrichit les mafias, transforme l'usager en délinquant, augmente la délinquance et la criminalité, alimente le terrorisme international, islamique en particulier, provoque l'engorgement des tribunaux et la surpopulation carcérale, favorise les consommations de produits illicites, met en danger la santé publique et les libertés individuelles. Insistons sur l'illusion de ceux qui prétendent lutter contre le terrorisme sans préconiser la légalisation contrôlée afin de casser le marché clandestin qui finance le terrorisme.

La France est le pays européen aux lois les plus répressives mais les Français sont les premiers consommateurs de cannabis en Europe : 5 millions de consommateurs annuels de cannabis dont 1,4 million de consommateurs réguliers au moins dix fois par mois et 900 000 usagers quotidiens. Chez les adolescents, en trois ans, de 2011 à 2014, la proportion de ceux qui ont expérimenté le cannabis est passée de 44 % à 49,8 % pour les garçons, et de 38,9 % à 45,8 % pour les filles. La consommation des mineurs est en France deux fois supérieure à la moyenne européenne.

La prohibition entretient et démultiplie les consommations.
Exemple d'un jeune qui achète trois barrettes, en garde une pour sa consommation personnelle et revend les deux autres. Sa barrette gratuite, il trouve deux clients, éventuellement nouveaux consommateurs qui en font autant. Le sens du commerce de notre jeune débrouillard le transforme en « délinquant » en contact avec des fournisseurs plus gros que lui et qui traînent dans d'autres combines. Il est devenu un « trafiquant », un représentant du cannabis... En huit jours si chaque jeune, touché par l'effet boule de neige, fume deux joints, ce sont plus de cent de ses camarades devenus « trafiquants », alimentant le marché maffieux. L'appât du gain et de la gratuité pour sa consommation personnelle, la fascination pour le produit auréolé de son interdit et le franchissement facile de ces interdits, la débrouillardise, la complice camaraderie, le mimétisme jeune contre la société, les plus âgés et les institutions, la sensation de virilité, tout concourt à développer la consommation. Ce sont là les effets pervers de la prohibition et de sa répression impuissante. Avec la prohibition, l'ampleur et l'augmentation permanente du trafic illicite ont des effets dévastateurs :

Désastre économique
Les liens entre le trafic de substances illicites et d'autres activités criminelles organisées, comme le trafic d'armes et le terrorisme, menacent la stabilité, la sécurité et la souveraineté des Etats. La prohibition finance cartels et mafias, encourage la corruption et contamine le système. L'argent de la « drogue » pervertit l'économie mondiale. Le coût de cette prohibition augmente sans cesse. Policiers et douaniers interceptent moins de 10% des produits en circulation.
La légalisation entraine environ 2 milliards d'€ de recettes fiscales sans compter le budget de la police, la gendarmerie et les douanes, les frais de justice et d'emprisonnement, de santé publique et les effets du marché noir, environ 50 milliards.

Désastre social
La prohibition entraîne une augmentation de la criminalité et de la délinquance, due au renchérissement artificiel du prix de certaines substances. Elle conduit à des agressions contre les personnes et les biens, à la prostitution et à la revente par les

usagers. Le nombre d'usagers et de toxicomanes ne fait qu'augmenter au fil des ans. Les citoyens les plus défavorisés sont les plus touchés par la prohibition et sont souvent victimes de discrimination, voire de racisme dans l'application de la loi.

Désastre juridique
La prohibition, source d'un droit d'exception, menace les libertés individuelles et engendre une répression croissante à l'encontre des citoyens, attentatoire aux libertés et aux Droits de l'homme, en particulier l'emprisonnement des usagers.
La consommation récréative elle-même est criminalisée. Les infractions liées aux substances illicites encombrent la justice et remplissent inutilement les prisons mondiales. En France, près de la moitié des crimes, délits et emprisonnements est liée à la prohibition. On devient délinquant pour se payer son produit et trafiquant pour s'enrichir. Avec 122 000 interpellations par an pour fait de drogue, l'inadaptation et l'épuisement de la police et de la justice à traiter un problème de société entraînent une perte de confiance des citoyens dans la loi et son application.

Désastre sanitaire
La prohibition engendre pour les usagers et la santé publique de graves conséquences. Elle est un obstacle majeur à l'efficacité d'une politique d'information, de prévention et de soins. La qualité incertaine des produits provoque des décès par surdose pour les drogues dures et des addictions et troubles pour le cannabis fortement dosé THC. La prohibition de la vente des seringues, puis la difficulté persistante de s'en procurer, font un nombre important de victimes. De ce fait de nombreux toxicomanes sont séropositifs, leur marginalisation les écarte du système de soins et favorise des pratiques sanitaires désastreuses, propagatrices de l'hépatite et du sida. L'utilisation thérapeutique du cannabis est limitée ou prohibée.

La légalisation contrôlée
Face à un danger public, lorsque la prohibition et la répression s'avèrent impuissantes, ouvrent un marché mafieux et mettent en danger l'ordre public et les libertés individuelles, il convient de pratiquer une autre politique réaliste qui échappe au marché

clandestin comme au marché classique, libère la police et la justice, vide les tribunaux et les prisons et respecte les libertés. Cette politique vise à sortir les usagers récréatifs et les toxicomanes de leur clandestinité. À organiser la défense des personnes poursuivies pour ce type d'infractions, dans des conditions tout à fait exorbitantes du droit commun. À reconnaître les droits de l'usager, en particulier du droit d'être soigné sans restriction ni contrainte. Elle vise à remplacer la « guerre contre la drogue », par la lutte civile contre l'abus des substances présentant des dangers.

Cette politique, c'est la **légalisation contrôlée** qui s'appuie sur l'article IV de la Déclaration des droits de l'Homme et du Citoyen : « *La liberté consiste à pouvoir faire tout ce qui ne nuit pas à autrui* » et concilie le respect des libertés individuelles avec la protection de la collectivité.

Limiter les consommations
Un État démocratique naturellement soucieux de santé publique ne peut promouvoir les consommations du cannabis, du tabac, de l'alcool, 45 000 morts par an dus à l'alcool, des autres drogues, de l'abus médicamenteux, des produits trop salés ou trop sucrés. Il doit se donner tous les moyens de limiter ces consommations dans l'objectif de santé publique et de sécurité collective et dans le respect des libertés individuelles. Il doit ouvrir un débat sans tabou pour promouvoir une politique de légalisation contrôlée des stupéfiants, à titre d'alternative à la prohibition et à la répression contre le formidable archaïsme de la législation française actuelle.

Évaluer la dangerosité
Il convient de reconnaître les dangers du cannabis et, plus graves encore, ceux du tabac, de l'alcool, des drogues plus dures et de l'abus médicamenteux. De toutes les substances y compris les boissons et les bonbons trop sucrés et les plats cuisinés trop salés....
Il convient aussi de considérer les consommations récréatives non dépendantes de certaines substances. De considérer enfin certains effets positifs comme le vin à petite dose, et les utilisations thérapeutiques du cannabis. La consommation cannabique est massive. Son utilisation et son évaluation varient

de vertus récréatives et thérapeutiques à une dangerosité liée aux abus, à certaines maladies psychiatriques, à la jeunesse ou à certaines circonstances comme au volant.

Moins dangereux pour les adultes que l'alcool ou le tabac, le cannabis menace plus les mineurs et la consommation double les risques de dépression, d'anxiété et de schizophrénie.

Contestons le classement du cannabis parmi les substances stupéfiantes et remplaçons la loi du 31 décembre 1970 par un régime tenant compte de la spécificité et la dangerosité de chaque substance. Exigeons la modification des traités, lois, règlements et directives portant prohibition de la production, du commerce et de l'usage des substances. Définissons les modalités et les contrôles selon les substances.

On notera que la commission de stupéfiants des Nations Unies a déclassifié, en 2020, le cannabis en « substance à potentiel thérapeutique » quand la France s'épuise dans la prohibition.

Contre la dépénalisation et le mercantilisme
Être favorable à la légalisation contrôlée, c'est naturellement s'opposer à la prohibition et à la répression mais c'est aussi **s'opposer frontalement à la dépénalisation hypocrite et criminelle comme à la libéralisation dans le marché mercantile**. Nous confondons la légalisation contrôlée la dépénalisation et la libéralisation. On entend poser la question de la « dépénalisation » sans préciser s'il s'agit d'une dépénalisation ne touchant que la consommation ou s'il s'agit de légaliser commerce et consommation.

À la question : « *Êtes-vous pour ou contre la dépénalisation du cannabis ?* » ou des « **drogues** » en général, les partisans de la légalisation contrôlée répondent qu'ils sont hostiles à l'hypocrite dépénalisation et ils dénoncent les termes de la question.

Certes, la dépénalisation, en autorisant les consommations, cesse de criminaliser les consommateurs et notre légalisation contrôlée inclut cet aspect. Mais, ne s'en prenant pas au marché clandestin, la dépénalisation sèche maintient le commerce clandestin, enrichit les mafias et risque fort de multiplier les consommations. Cette dépénalisation, politique d'autruche irresponsable, brouille le message et le contenu et ruine les espoirs de la légalisation contrôlée, dépénalisation responsable, légalisation et moralisation de la production et de la vente.

Idem pour la question : « *Êtes-vous pour la vente libre du cannabis ?* ». Il s'agit de distinguer, pour les opposer, le commerce actif que nous dénonçons, du commerce passif et dissuasif que nous préconisons. La légalisation contrôlée n'est pas la libéralisation, la vente débridée active dans le commerce libéral selon la loi du marché de l'offre et de la demande « à la hollandaise » ou « à l'américaine ». Il n'est pour nous pas question de souscrire à des « cannabars » à l'instar des *Coffee Shop* hollandais ou des hypermarchés cannabiques américains. Si la vente légale du cannabis rapporte à l'État de considérables recettes pour développer une politique de santé publique et prive les mafias de cette manne, amasser de l'argent avec des substances pouvant être dangereuses n'est pas l'objectif premier d'un État démocratique. L'État doit limiter les consommations des substances dangereuses : cannabis, alcool, tabac, drogues dures psychotropes, médicaments inutiles et autres. Les expériences hollandaises et américaines, si elles nous intéressent ne sont pas nos modèles.

Débits de cannabis, commerce passif et dissuasif
La légalisation contrôlée opère dans un secteur d'activités hors du marché et sous contrôle de l'État. La légalisation contrôlée du cannabis, à titre d'alternative à la prohibition et à la répression des stupéfiants, concilie le respect des libertés individuelles avec la protection de la collectivité. Elle isole le cannabis des autres substances, vise à baisser les consommations et casse la mafia. La légalisation contrôlée met en place des débits de cannabis à commerce passif et dissuasif : Situés à plus de 300 mètres des lieux scolaires, pas de délivrance aux mineurs, quantité limitée par personne, prohibition de la revente, pas de publicité pour le produit, anonymat des achats, contrôle et information sur les provenances, la façon de consommer et la qualité des produits, information sur la dangerosité du produit, information sur le code de la route et sur les interdictions liées à la consommation du cannabis, maintien de l'interdiction de la consommation du cannabis dans les lieux publics, aide médicalisée et psychologique pour limiter la consommation et la cantonner à un usage raisonnable et récréatif ou pour arrêter la dépendance au produit. Débits tenus par des fonctionnaires ou des associatifs

assermentés et formés n'ayant aucun intérêt salarial à la vente. L'ensemble assorti de l'autorisation de plantation domestique à usage personnel et détermination de quantités autorisées avec interdiction de revente et de distribution.

Notons que la commission de stupéfiants des Nations Unies a déclassifié, en 2020, le cannabis en « substance à potentiel thérapeutique » quand la France s'épuise dans la prohibition.

Réduction des risques

La politique de légalisation contrôlée est un pas vers une société d'Esprits Libres. Son succès ouvre la voie à la légalisation contrôlée du tabac, d'autres drogues, de l'alcool, des médicaments, de la prostitution et d'autres secteurs mettant en danger l'ordre public, la santé et les libertés.

La légalisation contrôlée du cannabis n'implique pas forcément de toucher aux autres secteurs mais nous aurons intérêt à créer un **environnement politique et social favorable** avec la mise en place d'un Revenu Citoyen, de mesures de réduction de risques, de légalisation contrôlée du tabac et de drogues dures et de suppression des abus médicamenteux.

Revenu Citoyen

Il facilitera la reconversion des petits trafiquants en les orientant vers la formation, la culture et la santé et vers l'emploi mieux partagé. La suppression totale ou partielle du R.C. sera, en cas de délinquance, une mesure efficace et dissuasive.

Sans la mise en place du R.C., la légalisation contrôlée sera douloureuse à mettre en place car l'économie de certains quartiers tient sur le trafic des drogues. Sachons qu'après une saisie les impayés suivent dans les quartiers comme le constatent les offices HLM, les services de l'eau, du gaz, de l'électricité, les commerces et les autres débiteurs.

Jeunesse et tabagisme

L'État doit prendre d'urgence ses responsabilités en direction de la jeunesse scolarisée. La consommation de tabac doit être prohibée à moins de 300 mètres des lieux scolaires afin de limiter le geste de fumer tabac ou cannabis, de supprimer le mimétisme, l'incitation collective et le tabagisme passif dans les rassemblements. L'abaissement de l'âge du premier contact

avec toutes les substances nocives est aujourd'hui une catastrophe sanitaire.
Les nouveaux débits de tabac ne doivent pas pouvoir s'installer à moins de 300 mètres d'un lieu scolaire. Les débits situés dans ces périmètres verront leur licence rachetée par l'État ou non renouvelée lorsque les exploitants partiront à la retraite.
Les entreprises seront également invitées à dissuader les travailleurs fumeurs en pause de griller une cigarette sur les trottoirs. Il ne s'agit pas d'interdire mais d'offrir des alternatives à la cigarette. À chaque entreprise de prendre des initiatives et une incitation fiscale les aidera.
Dès la mise en place de la légalisation contrôlée du cannabis, le tabac, comme les jeux d'argent, devrait être progressivement isolé des autres substances, alcool, boissons, presse, papeterie, viennoiserie, confiserie, jeux. Les licences progressivement rachetées par l'État et des débits de tabac à l'image des débits de cannabis remplaceront sur dix années le commerce actif actuel. Les gérants de débits de tabac se verront proposer en priorité de tenir ces lieux nouveaux.
Les mégots et les paquets d'emballage seront consignés et donc récupérés afin de ne pas souiller l'environnement et de ne plus engager des sommes folles pour leur ramassage nécessaire étant donnée la pollution considérable qu'ils provoquent.

Drogues
Les consommateurs ne doivent pas être traités comme des délinquants. Les salles de consommation anonyme, de présence et d'assistance médicales, de contrôle des produits et des doses, d'information sur la dangerosité, de produits de substitution, d'échanges des seringues, sont exemplaires de la légalisation contrôlée de fait de drogues ciblées permettant d'en prohiber d'autres en particulier certaines de synthèse.

Prohibition ciblée
La prohibition généralisée est une dangereuse et coûteuse illusion réduite à l'impuissance. Seule une prohibition ciblée est efficace. Prenons l'exemple de la prohibition généralisée aux États-Unis qui fut un fiasco comme l'est la politique du tout répressif des drogues depuis 70 en France. À la même époque, dans notre pays, la prohibition ciblée contre la seule absinthe

réussissait car la cible était restreinte et les substitutions vers les alcools anisés possibles.

Évaluation
À quelle aune jugerons-nous la politique de légalisation contrôlée ? Si la légalisation contrôlée permet de limiter les consommations, si elle réduit les risques, si elle réduit drastiquement le marché clandestin maffieux, si elle libère la police, désengorge la justice et les prisons, si elle réduit le déficit public, si elle respecte les libertés individuelles, alors il conviendra de la poursuivre. Sinon il conviendra de l'abandonner. Politique pragmatique, empirique et expérimentale de cinq années qui sera probante.

Quand E. Macron et G. Darmanin se crispent, le rapport parlementaire récent de mai 2021 demande la légalisation pour « reprendre le contrôle » face au trafic et protéger les mineurs. Après de multiples auditions dont chercheurs, policiers, médecins, magistrats, les députés constatent l'échec sanitaire de la répression : « *L'Etat assiste de manière impuissante à la banalisation du cannabis chez les jeunes et à la détérioration de la sécurité* » malgré une « *politique répressive française qui coûte cher et mobilise à l'excès les forces de l'ordre* ». La politique de répression affichée vise plus les consommateurs, 80 % des infractions, que le trafic. La prévention se limite à une séance d'information par an dans les établissements scolaires.

« *On propose une vraie politique de réduction des risques et d'arrêter de faire la guerre à l'usager pour réorienter réellement la police vers la lutte contre les trafics* », « *La prohibition adopte depuis cinquante ans un objectif inatteignable, sans jamais avoir les moyens de ses ambitions. Une légalisation régulée, c'est le meilleur moyen de reprendre le contrôle et de protéger les Français* » Caroline Janvier, députée LREM.

Les Esprits Libres sont disposés à piloter l'expérience de cette politique de légalisation contrôlée seule capable de faire baisser les consommations, de casser la mafia, de désengorger police, justice et prisons, de revenir à un ordre républicain, à la paix sociale, au contrôle des quartiers sensibles et de préserver santé publique et libertés individuelles.

2 Légalisation contrôlée de la prostitution

Le marxisme indique combien les rapports économiques peuvent être déterminants. La psychanalyse combien les rapports de sexe peuvent jouer. Constatons combien sont grandes les interactions entre économie et sexe.
Une femme entretenue, ne travaillant pas par ailleurs, dans le mariage en général, est une femme achetée en tant que femme de ménage, que cuisinière, que partenaire de sexe, voire d'objet sexuel ou de *punchingball*, qu'éducatrice d'enfants, que partenaire de représentation et de liens sociaux.
Si le couple embauche une femme de ménage, une cuisinière, un précepteur pour les enfants, si le mari prend une maitresse, la femme sera délestée de telle ou telle tâche.
Ces situations vont déterminer un certain degré de prostitution de la femme maquée ou mariée. Ce degré sera moindre si la femme a une femme de ménage, un métier ou un amant.
Les hommes vont le plus souvent avoir des besoins et disposer d'un pouvoir financier pour acheter des prestations sexuelles aux prostituées ou entretenir des maîtresses, et des femmes vont vendre ces prestations. Cela peut s'inverser avec des femmes prenant amants ou gigolos, avec les transgenres dans des configurations multiples. Échangisme, voyeurisme et autres pratiques participent à la confusion, au grand bordel.
La prostitution reste principalement un rapport de subordination de femmes pauvres en position de faiblesse. D'autant qu'elle n'est pas légalisée contrôlée et est livrée au proxénétisme, au mercantilisme, à la violence et au bon vouloir des clients.

Les Esprits Libres souhaitent la limitation autant que faire se peut de la prostitution comme de tout esclavage salarié.
En ne reconnaissant plus le mariage civil, en éradiquant la misère par le versement du R.C., gage d'indépendance permettant aux femmes de vivre seules plus facilement, en instaurant la parité y compris au cœur du pouvoir à l'Assemblée nationale et dans les Conventions, pour la présidence elle-même alternée femme-homme, en organisant la légalisation contrôlée des drogues et d'autres secteurs dont l'immigration et son lot de

prostitution étrangère clandestine, en développant prioritairement l'éducation, des femmes en particulier, en développant prioritairement la santé et le planning familial, en limitant le temps de travail, en favorisant la mobilité et la reconversion, en favorisant l'éros dans la cité, en développant poupées et jouets sexuels de substitution sophistiqués remplaçant les travailleurs du sexe, nous favoriserons une **réduction considérable du phénomène prostitutionnel.**
Par exemple les étudiantes de plus de 18 ans touchant un Revenu Citoyen pourront se passer de la prostitution.
Pour autant, si **nous voulons limiter la prostitution comme toute activité de subordination salariée**, si nous voulons supprimer le proxénétisme, le marché maffieux clandestin et la surexploitation capitalistique, si nous voulons préserver les bonnes conditions sanitaires, la santé publique et les libertés individuelles, il nous faut sortir de l'impasse de la prohibition et dépasser la libéralisation capitalistique du supermarché légal du sexe qui n'est guère satisfaisante.

Comme pour les drogues, la légalisation contrôlée est garante de baisse de la prostitution et le rêve fou de sa disparition n'est ni tenable, ni même souhaitable dans ses confins. Ce, même si elle devenait résiduelle dans notre société aux mœurs libres.
La légalisation contrôlée sera raisonnée au sein de coopératives de travailleurs et travailleuses du sexe ou d'entreprises individuelles légalisées. Légalisation contrôlée signifiant une publicité encadrée, des prestations protégées dans le souci sanitaire public, la limitation aux adultes, etc.

Préserver les libertés et lutter contre le proxénétisme et le marché clandestin
Les prostituées sont très majoritairement exploitées par le proxénétisme, réduites à des conditions de travail déplorables, non reconnues par le Code du travail et la société hypocrite qui les taxe pourtant, exposées aux maladies et aux drogues, et souvent poussées à la clandestinité.
Les clients sont aujourd'hui culpabilisés et pénalisés, victimes d'amendes et d'humiliation sociale. Pour casser l'exploitation, le trafic sexuel, le marché clandestin et les mafias nous devons proposer une autre politique que cette triste réalité.

Constatons aussi les limites des expériences de laisser faire du capitalisme, des *Eros Center* ou de la simple dépénalisation.

Sujet sensible exigeant un courage politique. Le sort réservé aux prisonniers, aux drogués et aux prostitués est à regarder à la loupe et les politiques doivent être jugés en fonction du sort qu'ils réservent aux plus démunis des citoyens. Le fait que nous concevions et souhaitions une société sans aliénation et sans exploitation ne doit pas nous empêcher d'aborder la réalité.
La bataille fait rage entre prohibitionnistes et réglementaristes et il nous faut renoncer à une position morale car le mot prostitution recoupe des réalités bien différentes.

Prenons en compte les chiffres désespérants publiés par la Commission européenne indiquant que 60 % du trafic d'êtres humains en Europe concerne le trafic sexuel dont 92 % des victimes sont des femmes ou des filles et 23 % des enfants. Ces esclaves sexuelles ne tirent pas de revenu décent de cette activité contrainte et viennent en priorité du Nigeria, de Roumanie, du Royaume-Uni, d'Albanie, du Vietnam...
Prenons également en compte les travailleuses du sexe indépendantes qui tirent un revenu, parfois confortable, d'une activité peu contrainte. Des essais évoquent des travailleuses sexuelles parfois libres et heureuses : « *Balance ton corps* », par Bertoulle Beaurebec, se veut un *manifeste pour le droit des femmes à disposer de leur corps* (Éd. La Musardine). « *L'Utile et l'Agréable* », par Maïna Lecherbonnier, évoque des mémoires d'escort girl (Éd. Blanche). « *La maison* », par Emma Becker raconte son expérience dans un bordel berlinois (Éd. Flammarion). « *Vilaines Filles* », par Pauline Verduzier (Éd. Anne Carrière). Et « *Le putain de podcast* » émission sur le travail du sexe où chaque épisode interviewe une travailleuse du sexe sur son parcours, sa vision du monde et de la prostitution.

Droits des travailleuses et travailleurs du sexe
L'OMS, l'Onusida et le Conseil national du sida considèrent que la pénalisation de la prostitution nuit à la santé des personnes prostituées mais notre Assemblée nationale, où les femmes et les minorités sont sous-représentées, s'en tient à assimiler la prostitution à une forme d'exploitation sexuelle.

Inefficaces sont les mesures sociales conditionnées à l'arrêt imposé de toute prostitution et si les droits de la personne prostituée, sa dignité et sa santé, ne sont pas respectés.
Ne confondons pas la lutte contre le proxénétisme et celle contre la prostitution où ses clients et ne considérons pas la prostitution comme phénomène uniquement féminin.
Considérons la multitude de prostitutions : celle du mariage bourgeois, de l'étudiante qui paie ses études, de l'escort-girl, du gigolo des bals, des marginaux, des professionnelles classiques indépendantes, des maquées aux proxénètes, des étrangères en situation irrégulière etc.
Que celles ou ceux qui n'ont jamais eu le fantasme de se prostituer pour de l'argent, pour un bien, voire pour le simple plaisir ou la curiosité de l'expérience, que ceux qui n'ont jamais eu, ou rêvé d'avoir, un rapport avec les personnes prostituées ou la prostitution, jettent la première pierre.
Ne limitons pas la marchandisation du corps humain à la seule prostitution quand le plus grand nombre de travaux salariés relèvent manifestement de cette catégorie. Considérons que le mariage partage, avec la prostitution, le souci de substituer à des rapports purement passionnels ou pulsionnels, l'idée plus civilisée de relations fondées sur un contrat.
Ce n'est pas parce qu'il y a dans la prostitution marginalisée et prohibée des pratiques condamnables qu'il faut chercher à interdire la prostitution. Le statut même de la prostitution provoque des pratiques condamnables. Il convient de légaliser en contrôlant pour limiter les risques et les effets néfastes.
Cessons d'infantiliser les personnes prostituées en affirmant qu'elles ne sont pas libres de leurs choix en prétendant savoir ce qui est bon pour elles. Cessons de vouloir soumettre leurs corps et leurs consciences. Cessons de nous ingérer dans leurs sexualités pour surveiller, canaliser et interdire, cessons de regarder en voyeurs.

Quatre grandes options s'ouvrent
- La situation actuelle inacceptable humainement.
- Le rêve fou de la société policière liberticide, de la prohibition et de l'abolitionnisme jamais réalisé car impossible et contre nature.
- La libéralisation marchande capitalisme des *Eros Center*.

- La légalisation contrôlée proposée par les Esprits Libres.

Organisons la légalisation autour de droits sociaux de base : couverture sociale, maladie, retraite et formation continue pour faciliter la réorientation de carrière pour ceux et celles qui le souhaitent. La police doit protéger les personnes prostituées dans leur travail et non de les pourchasser.
Le proxénétisme est à redéfinir en particulier afin de permettre aux personnes de louer, au prix du marché, des locaux pour travailler et qui leur permettent de s'associer entre elles.
Des concertations locales et nationales doivent élaborer des politiques publiques adaptées avec l'ensemble des partenaires concernés surtout les travailleuses et travailleurs du sexe. Inspirons-nous de politiques efficaces, Allemagne, Suisse, Autriche, Espagne, Nouvelle-Zélande, Australie.
Certains citoyens, femmes ou hommes, désirent choisir d'exercer librement professionnellement ou occasionnellement ce métier et respectons, protégeons et encadrons ce choix.
Autorisons la prostitution dans des hôtels de passes agréés, dans des coopératives, en chambres affectées ou domestique pour les personnes vivant seules. Prohibons le proxénétisme.
Pour se prostituer légalement, il conviendra de résider légalement, d'avoir 21 ans, de déclarer cette activité, de suivre des stages d'information d'hygiène, de droit et de civisme et des visites médicales régulières. Publicités sur internet ou dans la presse exigeant un dépôt légal et une copie sur le site du centre de contrôle du racolage. Racolage sur la voie publique réglementé. Prostitution interdite dans les tentes, roulottes, camions et véhicules divers.
Rapports sans préservatifs interdits entraînant interdiction de pratiquer, fermeture de la maison ou de l'hôtel, saisie des biens, pénalisation clients-prostitués-tenanciers, amendes et procès pour mise en danger de la vie d'autrui. Agrément pour les maisons closes, hôtels de passes et leurs tenanciers. Police et le fisc ayant droit de faire des descentes et contrôles.
Dans les coopératives, la, ou le, prostitué(e) qui est professionnel(le) ou occasionnel(le), déterminera son temps de travail ne pouvant excéder 24 h par semaine à l'égal de tous les travaux sans qualification ou de grande pénibilité dans le programme des Esprits Libres. Les prostitués choisissent leurs

clients sans obligation ni pression. Interdiction des « pass » donnant accès à plusieurs ou tout(e)s les prostitué(e)s d'une maison. Rapport des passes partagés avec au minimum la moitié à la personne prostituée. Les hôtels de passes servant jour et nuit à la légalisation contrôlée comme aux couples non prostitués. Chambres louées à qui veut et impôt prélevé sur la location de la chambre.

La légalisation contrôlée de la pornographie
La consommation de pornographie est aussi considérable que l'est la critique de celle-ci. Une consommation qui n'implique pas la violence et les films pornographiques ne sont pas forcément violents. Art et pornographie ne sont pas antinomiques et la consommation du pornographique peut avoir du bon.
Veillons en particulier à ce qu'il n'y ait pas de dégradation des femmes, à la protection de la jeunesse, à ce qu'il n'y ait pas d'atteinte à autrui. Généralement les pro-porno sont démocrates, tolérants et laïques quand les antis sont moralistes et religieux, intolérants, intégristes et non laïques. Les pays de plus grande tolérance du pornographique sont les pays de plus grande liberté. Les images et écrits érotiques et pornographiques ne sont pas bons dans les salons bourgeois et mauvais s'ils sont démocratiques et de masse. Ne pas nier, ne pas cacher, ne pas réprimer. Cessons l'hypocrisie consistant à consommer en se cachant. Arrêtons la répression, le classement X des films et la TVA surtaxée. Considérons que la primauté de l'être est engagée dans l'érotisme et la pornographie.

───────────────────────────

3   Décroissance économique et démographique

Décroissance économique

La somme de bêtise liée à la recherche de la croissance et de l'emploi laisse pantois et il conviendrait d'en rire s'il ne s'agissait de productivisme économique, politique criminelle écocide qui épuise la planète et l'humanité. Considérons les partisans de la croissance productiviste, l'essentiel des acteurs et partisans de la 5ème République chez nous, comme de grands criminels dans l'histoire de notre humanité et traitons-les comme tels.

Pour autant la décroissance ne saurait être entendue que s'agissant de faire croître ce qui est bon et renouvelable pour l'humanité et de réduire ce qui est mauvais ou non renouvelable. Accidents de la route, meurtres, maladies, fabrication et vente d'armes, guerres, nucléaire, multiplication des sacs plastiques et emballages, néfastes pour l'humanité sont excellents pour la croissance.

Une entreprise achète une machine performante qui double sa production et remplace la moitié de son personnel. Sa croissance augmente et ses effectifs baissent. Elle va investir et probablement licencier pour rester compétitive et elle aura raison. Le but d'une entreprise n'est pas de créer des emplois ou de les conserver et serait mauvais chef d'entreprise qui garderait un emploi inutile.

La France n'est pas une entreprise, une *start up nation*, comme on dit vulgairement au sommet de l'État, mais elle connaît bien ce personnel politique pléthorique et ces gens nocifs ne sont pas capables de se dégraisser eux-mêmes.

Vouloir interdire les licenciements est un rêve des marxistes accrochés au couple travail salarié-capital. Fascinés par le capitalisme, le voyant disparaître, ils se voient disparaître avec.

Les libéraux égalitaires se réjouissent de la raréfaction du travail et du travail salarié exploité en particulier. Ils plaident pour que les machines remplacent l'homme au labeur et pour un travail créatif et émancipateur. Proches des socialistes utopiques, aux antipodes des productivistes marxistes qu'ils situent à l'extrême droite de l'échiquier politique, social-fascisme, ligne léniniste, stakhanoviste.

Décroissance démographique
Freiner la croissance de la population mondiale s'impose pour lutter contre le réchauffement de la planète et pour qu'elle soit vivable. Combinons la transition écologique pour une efficacité environnementale de tous les pays et en particulier des pays développés par la décroissance et la baisse de la natalité en particulier dans les pays émergents. Que l'augmentation de la natalité et l'augmentation nécessaire de la consommation par habitant dans les pays pauvres ne viennent pas compenser et ruiner les efforts environnementaux de la transition écologique.

Combinons transition écologique et transition démographique, décroissance économique et démographique afin d'éviter catastrophe écologique, destruction de la biodiversité, manque d'eau, montée des eaux, raréfaction des ressources halieutiques, épuisement et salinisation des terres cultivées, réchauffement, déplacements massifs de populations, etc.
Réduire drastiquement le taux de fécondité car la population mondiale passée de 2 milliards à 7,6 entre 1950 et 2017, atteindra les 8,6 en 2030 et les 11 Mrd en 2100 dont 4,3 en Afrique.
La forte démographie fait obstacle au développement de l'Afrique. Il convient de favoriser le développement économique des régions pauvres à forte natalité, d'éduquer les femmes, de les rendre indépendantes économiquement pour leur bien-être afin de baisser leur fécondité. Une politique volontariste de planning familial, des agents de santé proposant des contraceptifs, un Revenu Citoyen, des messages audios, tout doit être mis en œuvre. Programme qui peut être financé dans le cadre de budgets déjà décidés mais animés d'une politique volontariste freinant la croissance de la population mondiale pour relever le défi du désastre écologique annoncé.

Décroissance économique et démographiques sont garantes d'une croissance existentielle et du Bien Vivre.

4   Légalisation contrôlée de l'immigration

Si nous parlons de légalisation contrôlée c'est que nous voulons limiter et contrôler, comme pour les drogues et la prostitution, une immigration devenue incontrôlable et passée au trafic clandestin des passeurs et entrées illégales dans notre pays qui a perdu sa souveraineté sur cette question. Trafic le 3ème le plus rentable du monde derrière les armes et la drogue et qui enrichit aussi les industries de surveillance des frontières.

Pour les Esprits Libres aucun sujet n'est tabou, ni le droit du sol, ni le regroupement familial, ni la déchéance de nationalité. En parallèle nous considèrerons aussi la possibilité d'accueillir mieux et si nous y parvenons d'accueillir plus. Enfin nous considèrerons toutes les possibilités d'intervenir sur les causes de l'immigration dans les pays d'origine.
Qu'il soit clair que nous ne sommes pas plus indifférents à la misère du monde que nous ne le sommes au monde de la misère. Lorsqu'un pêcheur sénégalais fuit son pays à cause des pêches industrielles chinoises et européennes qui saccagent ses eaux, lorsqu'un éleveur de poules africain est ruiné par les poulets en batterie européens et américains nous sommes de leur côté à dénoncer le productivisme impérialiste.

Soyons conséquentialistes
En remettant en question droit du sol et regroupement familial, en refusant la régularisation des sans-papiers, en refusant l'immigration clandestine, nous sommes conscients d'être des cibles d'une bonne partie de la gauche.
En considérant que le droit au visa et à la libre circulation est universel et qu'il est possible d'ouvrir mieux les frontières pour mieux contrôler l'immigration et créer des conditions d'une immigration bien acceptée et, le cas échéant, plus nombreuse, nous sommes conscients d'être des cibles d'une bonne partie de la droite et de l'extrême droite.
Ce libertinage politique qui outrepasse les camps ne nous effraie pas, il est notre signe, notre courage, notre honneur.

Pauvreté et immigration sont incompatibles
Tant que nous aurons un pauvre chez nous, difficile d'accueillir et de nourrir un étranger.
Si, avec neuf millions de pauvres dans le pays, c'est-à-dire sans éradication de la misère, nous accueillons des étrangers, nous fabriquons des racistes et portons l'extrême droite au pouvoir.
Ceux qui sont à table chez vous doivent manger à leur faim avant de recevoir des invités.
Sans Revenu Citoyen pour les Français, pas d'immigration convenable et envisageable.

Nationalisme et préjugés racistes dominent et il est difficile de changer les mentalités.
La crise migratoire porte les partis populistes et extrémistes au pouvoir, Ligue du Nord, Orban… etc., provoque le Brexit et d'autres dérives nationalistes.
Le fédéralisme ouvre les esprits en affaiblissant le nationalisme. Nous pouvons recevoir plus de réfugiés et non moins mais en refusant et renvoyant les entrées clandestines. Les réfugiés accueillis doivent venir des demandes légales ou des camps de réfugiés de l'ONU.

Ceux qui entrent clandestinement enfreignent nos lois. Nous leur devons nourriture, soins et sécurité mais pas forcément le permis de séjour. Tous les demandeurs doivent être à égalité de traitement. Un demandeur qui fait sa demande légale n'a pas à être moins bien traité que celui qui entre clandestinement au mépris de nos lois. Tout au contraire nous devons privilégier le premier. Les plus pauvres et plus démunis n'ont pas les moyens de payer des passeurs et restent chez eux quand il conviendrait de les aider en premier.
Interdire l'immigration illégale, respecter nos lois, est une condition pour mener une politique volontariste d'accueil de réfugiés des camps de l'ONU ou de demandes d'asile légale.

Délivrance des visas dans nos ambassades du pays d'origine ou limitrophes.
La France doit recevoir plus d'étudiants étrangers et diversifier son immigration.

Droit à la libre circulation touristique pour tous. Visas facilités de travail saisonnier.
Droit du sol, nationalisation et double nationalité réservés aux résidents d'au moins dix ans avec respect des lois de la République et de sa laïcité pendant cette période.
Quotas d'immigration sur demande des collectivités locales exclusivement en fonction de leurs capacités d'accueil satisfaisantes impliquant contrat de travail et logement hors des zones ghetto et quartiers sensibles. Chaque commune fait part de ses demandes et possibilités et les quotas sont établis en rapport et non au-delà. Ainsi nous accueillerons mieux en fonction des nécessités d'accueil pour les vrais réfugiés, des demandes et de nos besoins et volontés.
Apprentissage de la langue française. Il s'agit de mettre en place un apprentissage intensif et obligatoire, à l'allemande, et de conditionner la résidence sur le territoire au suivi de cet enseignement.
C'est en accueillant mieux que probablement alors nous accueillerons plus et répondrons tant à nos désirs et besoins qu'à nos devoirs humanitaires.

Faire face à un défi de civilisation
Éviter le choc des civilisations. Opposer une force morale, une spiritualité civile et laïque en tolérant les religions et en combattant tous les intégrismes dans notre pays, en particulier l'intégrisme catholique, l'évangélisme protestant fort dangereux au niveau mondial, l'islamisme radical offensif et les sectes, tous cléricaux. Cibler et isoler le terrorisme et le diviser. Opposer l'intégration républicaine universaliste laïque au multiculturalisme et aux accommodations.

Revoir la politique étrangère
Revoir l'aide au développement afin d'encourager les populations à rester sur place. Faire face à l'explosion démographique en Afrique, en particulier au Sahel, en favorisant une politique de planning familial et en soutenant le combat, l'éducation et l'émancipation des femmes. Défendre la francophonie. Ne pas livrer d'armes aux dictatures. Faire front avec les démocraties.

Immigration et intégration
L'accueil d'un immigré sans formation coûte en frais de santé, protection et aides sociales, scolarité et infrastructure, logements, lieux scolaires, enseignement primaire et secondaire supérieur, de justice, police et gendarmerie, politiques de la ville, transports en commun, travail clandestin. Dépenses démultipliées si regroupement familial.
Cette immigration ne profite guère fiscalement au pays d'accueil et les recettes des cotisations de protection sociale et d'impôts ne compensent guère les dépenses. Si la caisse retraite est bénéficiaire, les caisses maladie scolarité et justice sont déficitaires.
Différent si l'immigré est qualifié mais spoliation du pays d'origine qui paye sa formation. Malédiction de la France qui reçoit des immigrés non qualifiés et perd des Français surqualifiés.

L'immigration africaine, turque et celle d'Europe de l'Est présentent des difficultés supérieures à la moyenne. La France est indifférente à la couleur de la peau mais elle ne l'est pas aux structures familiales et cultures éloignées de la sienne. Lourdes conséquences sur le niveau culturel, l'adaptabilité scolaire, professionnelle, sociale et la pratique de la religion.
Gauche et droite sont paralysées, prises dans le piège tendu d'un côté par l'extrême droite, de l'autre par les « anti-racistes », ses alliés objectifs.

Avec une intégration réussie, nous n'aurions pas ces déficits. Formation soutenue, apprentissage intensif de la langue française, service civique national sont nécessaires à une politique d'intégration efficace

Articuler humanisme et régulation
La gauche ne peut s'en tenir à des positions de principe. Il lui faut une politique ouverte, humaine, solidaire, mais une politique. Refus de l'irénisme de gauche voyant en toute politique de régulation de l'immigration et en toute reconduite à la frontière une politique d'extrême droite.
Le droit à la libre circulation n'est pas le laxisme des portes ouvertes à une immigration illimitée.

Nécessité de l'accueil et de l'humanisme. L'OFPRA, office français de protection des réfugiés et apatrides, examine la situation des demandeurs d'asile, acceptant les uns, refusant les autres. La position des démocrates est celle de l'accueil régulé qui les distingue de l'extrême droite qui refuse tout accueil.

D'un point de vue légal, l'Italie aurait dû accueillir l'Aquarius. Mais est-ce une affaire de droit ou de droit humain ? La France invoque le droit : « *Cynisme et irresponsabilité des Italiens* ».
Mais il ne s'agit pas d'accueillir « *un* » bateau mais un énième. L'Italie a accueilli 700 000 réfugiés depuis 2013. La France, faux cul, devait en accueillir 2800, elle en a accueilli 640.
Les pays du Sud et de l'Est de l'Europe, certains au bord de l'asphyxie financière, supportent seuls le fardeau de la surveillance des frontières. Ils n'ont pas la capacité d'assurer l'étanchéité de l'espace Schengen. La politique de l'autruche ne peut donner que la politique de l'Autriche.
Le traité de Schengen permet heureusement aux Européens de circuler librement dans l'UE mais nous avons démantelé nos frontières internes sans établir les protections nécessaires face à nos nouveaux voisins : Maghreb, Balkans, Turquie, Moldavie, Ukraine, Biélorussie… Frontex assure certaines opérations et coordonne des missions d'assistance en Méditerranée mais cette agence n'a pas les moyens matériels de mener à bien une tâche revenant à une puissance institutionnelle supérieure. Frontières de l'Europe doublées, repenser espace Schengen et espace fédéral. Augmentons les moyens de Frontex.
Devant le péril migratoire qui s'annonce, on ne peut plus se contenter de solutionner les points chauds : Calais, Lampedusa, Lesbos…
Urgent et vital pour les Européens de mettre en place un plan frontières ambitieux et global des états souhaitant entrer dans un dispositif et en accepter la tutelle.

Corps européen de garde-frontières et douaniers protégeant efficacement nos frontières extérieures, dispositif informatique unique de contrôle des entrées sur le territoire européen, financement de cette nouvelle institution par l'UE, externalisation de l'asile de façon légale via le programme de réinstallation du Haut-commissariat aux réfugiés.

Contrôle et régulation de l'immigration
Avec une politique de regroupement familial trop généreuse la France n'a pas à rougir de sa politique d'immigration. Un Français sur quatre à des parents d'origine étrangère, pour la majorité des européens. L'immigration bien maîtrisée est une chance et une diversité positive. Mais notre pays s'avère incapable aujourd'hui d'accueillir et d'intégrer normalement. Sans fédéralisme, pas de politique européenne, sans cynisme, pas de politique d'immigration. Harmonisons les conditions d'asile et de répartition par population.
Distinguons asile et migration économique. Proportionnons l'immigration à la capacité d'intégration du pays et introduisons des quotas par métiers.
L'extension du regroupement familial aux mineurs étrangers isolés constitue une catastrophe pour les mineurs africains qui sont jetés sur les routes de l'exil.
Ne laissons aucun clandestin rentrer, expulsons immédiatement tous les clandestins et non admis dans leur pays d'origine, les camps de l'ONU ou dans le premier pays de transit détecté à partir duquel ils pourront effectuer leur demande légale.
Augmentons les pouvoirs de police et les moyens et effectifs pour Frontex y compris sur les frontières intérieures.

Assez de morts en Méditerranée
Mobilisons la marine européenne : Accostage immédiat des bateaux transportant des clandestins, confiscation ou destruction des bateaux et retour immédiat des clandestins sur la côte d'origine ou dans le pays d'origine, reconduite dans des pays de départ, pénalité de dix ans sans possibilité de demande ou visas pour les entrées clandestines, opposons-nous aux ONG irresponsables lorsqu'elles se font relais des passeurs.

Délivrance des visas et naturalisations conditionnés à la reconnaissance de la laïcité :
Le visa de séjour ou de tourisme doit inclure un engagement sur l'honneur à respecter sur notre territoire les lois et principes de la République : laïcité, égalité des sexes, droit à l'homosexualité, droit à caricaturer, absence de blasphème sur notre sol, limitation du port des coiffes et voiles, prohibition de l'abattage rituel,

respect du fonctionnement des lieux, institutions et pratiques, école, lieux de soins, piscine, etc.
- Reconnaissance politique du non-cléricalisme et de la suprématie de la loi républicaine sur les préceptes religieux
- Reconnaissance de la séparation église-État
- Reconnaissance de la laïcité et de ses implications
- Reconnaissance de l'égalité femmes-hommes
- Reconnaissance du droit à l'apostasie sans entraves
- Reconnaissance du droit de critiquer et caricaturer toutes les religions, acceptation de la non- reconnaissance du blasphème
- Engagement à ne pas forcer à, ou à ne exercer de pressions pour, porter le voile ou un signe religieux ou pratiquer un rite
- Engagement à ne pas recourir à l'abattage rituel et à ne pas l'encourager
- Engagement à respecter le fonctionnement normal de nos services de santé et à laisser les femmes être le cas échéant consultées par des médecins hommes
- Engagement à ne pas favoriser circoncision et excision
- Engagement au non-cléricalisme et au non-prosélytisme

---

5 Légalisations contrôlées et communs

Principes et domaines
La politique de légalisation contrôlée et de gestion collective des communs est une grande politique des Esprits Libres, qui, contre le tout marché, redonne sa dignité et son efficacité à la collectivité et au citoyen et doit trouver ses formes et ses applications à tous les phénomènes sociaux présentant des dangers pour la santé publique et le bien commun ou constituant un bien commun pouvant être mis en danger par les intérêts privés ou étrangers.
La légalisation contrôlée entraîne un secteur d'activités totalement ou partiellement hors marché et le met sous contrôle de la collectivité.
La légalisation contrôlée est, comme la mise en place du Revenu Citoyen, une expérimentation sociale majeure dans la nécessaire transformation sociale.
Nous ne pouvons ici entrer dans les détails et développer chaque secteur concerné par la politique de légalisation contrôlée. Si cannabis, mariage, prostitution et immigration sont développés, les autres secteurs sont abordés de sorte à indiquer notre état d'esprit, notre orientation générale, notre détermination.
Santé et éducation-culture, secteurs prioritaires ne relèvent pas de la légalisation contrôlée mais des deux priorités d'organisation de la cité accompagnant la mise en place du R.C.

Tabac, alcool et médicaments
Devant progressivement être isolés des autres substances.
Après un bilan sur trois ans de la légalisation contrôlée du cannabis, et si la consommation a baissé et la santé publique s'est mieux portée, le tabac adoptera le même régime avec des bureaux de tabac ne délivrant que du tabac. Pour l'anecdote tout près de chez moi un bureau de tabac fait face à l'entrée d'un célèbre lycée à trente mètres. On y trouve les jeux d'argent, la presse, la confiserie, le tabac, la papeterie, la viennoiserie, les boissons sucrées. Le parvis du lycée est un immense fumoir.
Le tabac sera enlevé du circuit marchand pour devenir **commerce passif et dissuasif** dans des bureaux de tabac dédiés au seul tabac. Isolation des substances, principe de la

légalisation contrôlée. Les buralistes seront dédommagés et se verront offrir en priorité la gestion des nouveaux bureaux de tabac. Les bureaux de tabac situés aujourd'hui à moins de 300 m des lieux scolaires devront fermer immédiatement.

Trois ans après, si expérience du tabac probante, l'alcool restera au marché mais sa vente se fera uniquement dans des caves débits d'alcool et non dans les épiceries et supermarchés.

Concernant les médicaments la prise de participation de l'État dans les processus de fabrication et diffusion de tout ce qui touche aux médicaments sera favorisée. La surconsommation sera immédiatement freinée et les prescriptions seront alignées sur la moyenne européenne. Les pharmaciens ne délivreront que le décompte de l'ordonnance, le reste étant recyclé.

Légalisation contrôlée des techniques, des médias, des réseaux sociaux et des GAFAM

Délibération citoyenne orchestrée par le parlement, les conseils, les ministères, l'éducation et la culture pour contrôler les nouvelles techniques et leur trouver des débouchés citoyens hors du tout marché. Limitation drastique de la diffusion et l'utilisation de nos données personnelles. Reprise de l'ensemble des recommandations exposées par l'excellente association de défense de nos libertés : La quadrature du net.

Reprise des considérations du livre « *La fabrique du crétin numérique* » de Michel Desmurget sur l'abus d'écran en particulier chez les enfants.

Imposition des Gafam alignée sur les autres secteurs et démantèlement des monopoles.

Développement de communs européens concurrentiels aux monopoles.

Dans le sens du respect de la vie privée et de la protection contre la démarche publicitaire.

Indépendance des médias face aux intérêts privés et à la publicité et face aux pouvoirs économiques. Indépendance journalistique. Pluralisme.

Respect de la vie privée, refus du traçage, vidéo surveillance limitée, refus de la publicité imposée sur écran.

Moteurs de recherches et opérateurs publics payants, à tarifs modérés, sans publicité en concurrence aux grands groupes privés et aux Gafam.

Les images liées au terrorisme doivent être strictement limitées et sobres afin de sortir du sensationnalisme et de l'émotion qui alimentent et encouragent le terrorisme à frapper à nouveau.

Légalisation contrôlée des jeux d'argent
Prohibés à la télévision et, là encore, isolés dans des lieux affectés et non dans les bars-tabac. Prohibition des jeux d'argent en ligne provenant de l'étranger.

Légalisation contrôlée du secteur bancaire et de la circulation des capitaux
Séparation des activités bancaires.
Banque Postale devenant banque publique citoyenne. Chaque citoyen y détiendra un compte pour les opérations bancaires liées au Revenu Citoyen.
Prise de participation de l'État de 35 à 51 % sur les banques stratégiques assurant un contrôle.
Banque Centrale Européenne contrôlée par le Parlement Européen.
Taxation à 1 % des transactions financières. La circulation du capital est à considérer comme une circulation de marchandises.
Taxe rattrapage paradis fiscaux sur les multinationales. Une multinationale ne payant pas autant d'impôts dans notre pays qu'une entreprise locale, au prorata de son activité, doit être taxée jusqu'au rééquilibrage équitable.
Les exilés fiscaux doivent être suspendus dans leurs droits civiques et traduits en justice tant qu'ils n'ont pas réglé leur impôt. Toute dette ou amende d'un citoyen est prélevé sur son R.C.

Légalisation contrôlée de la publicité
Interdiction de la publicité imposée (routes, métro, bus, ville, compétitions sportives, internet...). Pas de publicité privée sur les chaînes publiques ni aux heures d'écoute des enfants 18 h 30 à 22 h sur les chaînes privées. Aucune coupe des films. Aucune marque apparente à l'école. Taxes sur supports publicitaires : journaux gratuits, prospectus, etc.
Fin de la proximité entre informations politiques et publicité sur les chaînes privées.

Gestion sociale des communs et de l'énergie
Délaissons les énergies fossiles et organisons la sobriété énergétique par la transition écologique, les innovations créatives et les renouvelables. Délaissons progressivement mais rapidement le nucléaire actuel. Poursuivons la recherche pour un nucléaire civil propre sans déchets.
Concentrons le parc éolien au seul long des autoroutes et ajoutons-y un parc d'autoliennes autoroutières recueillant le souffle produit par les véhicules.
Mettons en gestion collective l'eau, le gaz, l'électricité avec progressivité des prix à la consommation. En-deçà de la consommation moyenne, le tarif est très bas, au-delà il est d'autant plus élevé. Les premiers mètres cubes ou KW coûtent peu, les surconsommations sont surtaxées.
Régulons les transports publics avec gratuités ciblées. Généralisons Fret et transport fluvial.

Fiscalité sociale et d'utilité publique des entreprises
Favorisant la transition vers les coopératives et l'économie sociale et solidaire et diminuant le poids des actionnaires et de la finance cupide productiviste. Libérant les individus de l'esclavage salarié et du travail dominant leurs vies.

Légalisation contrôlée de l'immobilier et du propriétarisme
Propriété jouissance de tous les biens d'un citoyen taxée à 1 %, droit de jouissance propriétaire, permettant à la collectivité de récupérer le bien au bout de 100 ans.
Tous les cinq ans le citoyen procède avec son comptable et son commissaire-priseur à une déclaration estimation fiscale de tous ses biens et il paie 1 % par an d'impôt sur l'ensemble.
Le fisc contrôle et peut racheter chaque bien qu'il estime sous-estimé au double de la déclaration.
Si je possède un tableau que j'estime et déclare 20000 €, je paie 200 € d'impôt par an sur cette possession. Dans le cas d'un contrôle fiscal, le fisc peut acheter mon tableau à tout moment à 40000 €. Si je m'oppose à la vente mon bien est estimé d'office à 40000 € et je paie 400 € d'imposition annuelle sur ce tableau.
Seuls les biens de plus de 500 € sont pris en compte. Lors d'un contrôle fiscal tous les biens non déclarés peuvent être rachetés par le fisc pour un montant de 1000 € et si je m'oppose à la vente

mon bien est estimé d'office à 1000 € et je paie 10 € d'imposition annuelle sur le bien.
Moins de cumul, plus de rentrées fiscales, plus de circulation des biens, moins de spéculation.
Plus-value réalisée sur les ventes immobilières et les grosses successions surtaxées.
Propriété de l'immobilier individuel distinguée de l'immobilier à louer spéculatif à surtaxer.
Tarifs des loyers plafonné et encadré. Logements vides et résidences secondaires surtaxés.
Pour les immeubles, maisons et bâtiments, pour toutes les propriétés, le sous-sol doit appartenir à la collectivité et seul le bâti peut être propriété privée et se transmettre. Une politique volontariste de préemption doit permettre à la collectivité de redevenir le propriétaire majeur dans les villes et villages afin de mener une politique sociale des loyers.
Les antiquités et œuvres d'art au-delà d'une certaine valeur ne doivent pas quitter le territoire.

Légalisation contrôlée de l'agriculture, de l'élevage, de la pêche et de la chasse
Développons une fiscalité d'utilité publique favorable de l'agro-industrie à l'agroécologie, agriculture écologique et paysanne, permaculture. Relocalisons la production avec des circuits courts et des produits écologiques, des sols préservés, le développement des haies et petites et moyennes parcelles, une production variée, une consommation de viande, une pêche artisanale, une chasse et un élevage raisonnés.

Légalisation contrôlée de la police
Un service civil mixte obligatoire et une formation à la citoyenneté doivent s'intégrer au corpus scolaire.
Un processus de dissolution refonte de la police-gendarmerie étalé sur dix ans avec formation à la citoyenneté, aux arts et à la philosophie, doit être engagé pour une police citoyenne de proximité. Les primes au rendement doivent disparaître.

Considérons d'abord que la sécurité est une marchandise médiatique et électorale avec ses charognards de faits divers toujours prompts à commettre des images de sensationnalisme,

des slogans de surenchère sécuritaire ou de nouvelles lois impuissantes à régler les problèmes mais au bout du compte attentatoires aux libertés et qui pourraient tomber entre les mains de non démocrates.
Rappelons que les homicides sont en baisse depuis 20 ans : 1000 en 2000, 840 aujourd'hui. Il y a trente ans un policier risquait trois fois plus sa vie qu'aujourd'hui…
Constatons que la France a plus d'agents que la moyenne des pays de l'Union européenne.

Sébastian Roché, docteur en sciences politiques, directeur de recherche au CNRS, politologue et criminologue spécialisé dans l'étude de la police, dénonce la violence de nombreux policiers et une organisation qui dysfonctionne dans son commandement, son encadrement et son système de contrôle.
Il déplore l'introduction des LBD, lanceurs de balles de défense, et leur généralisation par Nicolas Sarkozy. Il déplore l'intervention des personnes dont le travail est d'interpeller les malfaiteurs criminels dans des manifestations qui rassemblent de simples manifestants. Il déplore qu'à la suite du mouvement des gilets jaunes, le ministre de l'Intérieur remercie et décore des policiers responsables de violences. Il déplore l'absence de stratégie de la police, ordre public ou paix publique.
Il dénonce une vision policière de la société : *« On réinterprète les droits des citoyens en fonction des priorités policières. Ce n'est pas ce que suggèrent les principes démocratiques, qui supposent que l'on doit limiter les droits de la police. »*
« Les pays avancés comme le Danemark ou l'Allemagne, développent plus de transparence et de contrôle externe. Ce sont des pays où la cote de confiance de la police est plus élevée. La France se détourne du modèle des pays qui réussissent. »

Nos gouvernements s'avèrent peu à l'aise avec des principes fondamentaux des droits de l'Homme, avec la transparence et le droit des citoyens à demander des comptes aux agents publics.

Les facteurs d'un climat délétère se conjuguent avec un problème de gouvernement de la police, une dérive autoritaire du pouvoir et une politique à bout de souffle.

Les menaces terroristes incitent aux juridictions d'exceptions et l'état d'urgence a tendance à se perpétuer.

Gilets Jaunes et Black Blocs ont bousculé le maintien de l'ordre et entrainé de mauvaises réactions. La répression du mouvement a bousculé l'État de droit qu'il nous faut préserver.

Didier Lallement le préfet de police de Paris choisi par E. Macron se compare au général Galliffet l'assassin du peuple communard de Paris.

Lors de la pandémie, l'assignation à résidence pendant les confinements fut une atteinte majeure à nos libertés.

Les médias charognards sensationnalistes se nourrissent de faits divers et de violence.

À l'approche des élections les marchands de peur surenchérissent. La 5ème République, ses partis et ses institutions sont au bout du rouleau. La pauvreté se répand et dégrade les rapports sociaux. Le climat est menacé par les politiques productivistes cupides.

Police et justice sont en outre débordées et épuisées par la prohibition des drogues et sa délinquance liée. La justice ne peut réprimer une consommation de masse. Le combat est illusoire d'autant que son budget est dérisoire.

Pour les syndicats les plus droitiers de la police qui, comme toute extrême droite, croient pouvoir répondre à la crise sociale par la répression « *Le problème de la police, c'est la justice.* »

On nous ressert les vieilles lunes, le rétablissement de peines minimales ou peines planchers, des réponse pénales sans remise de peine, etc.

X. Bertrand en arrive à réclamer « *des peines plancher de prison automatiques* » et des procès où « *il ne saurait y avoir d'acquittement* ». Rappelons que la proportionnalité et que l'individualisation de la peine sont avec la présomption d'innocence, le bénéfice du doute et les remises de peines pour bonne conduite des éléments de l'État de droit. Gilbert Collard préconise d'interner les schizophrènes, la Le Pen dénonce le « laxisme » quand pourtant la justice ne cesse d'être plus répressive depuis 1990 avec un record de détentions.

Après les appels putschistes de militaires, la manifestation de mai 2021 des syndicats réactionnaires de la police vient menacer directement l'Assemblée nationale. Le ministre de l'Intérieur croit bon venir manifester contre son propre gouvernement.

A. Hidalgo, Y. Jadot, O. Faure, F. Roussel croient bon de lui emboiter le pas et de parader avec ces factieux. O. Faure réclame, pour le regretter ensuite, un « *droit de regard de la police sur la justice* » remettant en question les principes élémentaires de séparation des pouvoirs. C'est en effet glaçant.

Légalisation contrôlée des prisons
Ayons une autre conception de la prison transformée, en liaison avec les ministères de l'Éducation et de la Culture, en centre d'éducation et de formation. Face au corps enfermé soumis au capitalisme et à la productivité, arrachons le condamné au travail prolétaire des prisons. Formons-le à la culture générale, aux métiers et à la citoyenneté.

Si elle sert à la détention la prison dessert en tant qu'école de la délinquance. La détention, comme toutes peines, est au croisement du vécu individuel et de la loi définie par la société. Elle doit faire sens et venir réorienter le cheminement individuel vers la resocialisation et non détruire ou désorienter. Peine et détention doivent constituer une chance, une aide, un recommencement pour l'éducation, le soin, l'accompagnement, pour la resocialisation. Le droit et les conditions honorables de détention doivent être respectés en prison. La sortie doit être préparée et épaulée.

Développons les peines de prison de substitution de travail d'intérêt général dans le service public. Pour les moins de 24 ans au sein d'une ONG française à l'étranger dans des centres de santé ou des services humanitaires avec formation sur place.
Développons les prisons semi-ouvertes. Face à la pression carcérale, plus de détenus que d'espace avec occupation autour de 120%, instaurons immédiatement des réductions de peine pour surpopulation temporaire avant de revoir toute notre politique d'incarcération. Les crédits de réduction de peines accordés aux détenus qui se comportent bien doivent être maintenus afin de pacifier la détention et de programmer les dates de sortie. Les peines planchers ne doivent pas excéder vingt-cinq années et l'incompressibilité vingt. Le système de pré-entente sans procès sur les peines doit se développer.

Légalisation contrôlée de la gestion des prises d'otages
Notre République et son personnel politique doivent s'engager solennellement, devant la planète entière, à ne pas négocier avec les preneurs d'otages. Pas de versement de rançon, pas d'échange de prisonniers, pas d'avantages.
La dernière libération de notre otage au Mali contre une rançon et la libération de 200 combattants islamistes constitue plus qu'un crime, c'est une faute. Nombre de ces combattants vont à nouveau tuer nos soldats et leurs alliés et massacrer des civils.
Libérer un otage dans de telles conditions provoque de nombreuses prises d'otages à venir.

Légalisation contrôlée des ghettos
Un quartier doit comporter un minimum d'infrastructures et services, en particulier une école laïque, un lieu culturel, un boucher non halal, un boulanger, un épicier généraliste, un point presse, une librairie généraliste, un bureau de poste, une pharmacie, un médecin, un écrivain public.
Les ghettos devenus zones de non droit ou les services de l'État ne peuvent plus intervenir doivent être rasés, les occupants relogés et les propriétaires indemnisés.

Légalisation contrôlée de l'enseignement privé
L'argent public doit aller aux établissements publics, l'argent privé au privé. L'école laïque républicaine, considérablement revalorisée et domaine prioritaire pourrait devenir obligatoire pour tous de la maternelle au bac.

Légalisation contrôlée du sport professionnel
Soutenons le seul sport amateur et non le sport professionnel pourri par l'argent, la publicité, le dopage et le chauvinisme.
Les courses automobiles, corridas, chasse à courre, combats d'animaux doivent disparaître.
Les subventions publiques doivent être conditionnées à l'absence de publicité privée sur les stades et joueurs lors de matchs retransmis à la télévision, ni sur les maillots des équipes nationales. Notre pays n'est pas une *start-up*. Idem pour le Tour de France à composer d'équipes nationales et non de marques.

Les subventions publiques nationales, régionales et municipales doivent être réservées au sport exempt de publicité entraînant le transfert des sommes du sport professionnel au sport amateur.
Que l'on ait pu soutenir le Red Star ou le Stade de Reims à l'époque de Kopa se conçoit, mais que l'on se laisse berner aujourd'hui par ces types gavés et par ce sport de la honte et de l'indécence marchande est inadmissible. Qu'un Zidane au comportement de voyou sur un terrain puisse être donné en exemple aux enfants est une honte nationale. Que le Qatar possède le club parisien est une monstruosité politique et éthique. Boycottons la mafieuse FIFA et du Qatar. En 1978, les salles de torture côtoient les stades de football argentins.
Les Esprits Libres se tiennent à l'écart des écrans cupides et particulièrement de celui de TF1 dont la vocation avouée est de vider les cervelles pour faire ingurgiter la publicité.
Les supporters, marchandisés, vautrés dans la servitude volontaire. Pauvres parmi les supporters, masochistes qui applaudissent de riches écervelés tapant dans un ballon.
Voir même « supportrices » de ce soi-disant « sport » où la femme est reléguée à servir de prostituée aux sportifs professionnels. Ce n'est plus « Me too », c'est « foot moi », on a envie de leur dire « balance ton sport ». On les imagine soumises pendant le match, « supportant » les braillards débraillés, leur servant des bières et des chips trop grasses.
Les Esprits Libres ne supportent pas « La Marseillaise », chant de guerre, sur un terrain de sport. Les Esprits Libres ne sont pas foots, ils sont politiques. Ils se gardent de regarder les matchs de cette coupe immonde et, tout en cocufiant les footeux, ils en pincent pour l'adversaire. Dans toutes les rencontres sportives professionnelles, les Esprits Libres ne peuvent que se réjouir de la défaite de leur propre équipe locale ou nationale.
Et que les Esprits Libres des pays « adverses » boycottent aussi les matchs et en pincent pour les français. Souhaitons la défaite de « notre » équipe sans même regarder les matchs.
Nous condamnons particulièrement le PSG vendu au Qatar intégriste et demandons sa dissolution. Les monarchies pétrolières intégristes islamistes ne doivent pas s'implanter sur notre territoire.
Organisons-nous à l'approche des contestés Coupe du Monde 2022 de football au Qatar et Jeux Olympiques de 2024 en veillant

sur les conditions de travail sur les chantiers, les instances dirigeantes, l'utilisation des fonds publics et les attributions de marché.

Légalisation contrôlée des ventes d'armes et du commerce international
Réservons nos ventes d'armes aux pays démocratiques et cessons progressivement de fournir les autres. Même critère devant imprégner notre commerce international en tenant compte du caractère démocratique et social des pays.
Moins d'échanges et aucune dépendance en perspective avec les dictatures et régimes illibéraux. Les délocalisations de production en particulier doivent cesser en direction des pays non démocratiques afin d'assurer l'indépendance européenne.

L'urbanisation, les centres commerciaux, le transport aérien qu'il faut taxer drastiquement, les gros paquebots, les 4x4... bien d'autres domaines doivent passer en légalisation contrôlée.

6   Mariage non reconnu

N'accordons pas à la famille une valeur civile intrinsèque, la société n'a pas à reconnaître le mariage
Au nom de la fraternité, la sollicitude doit plutôt aller vers les personnes seules et en particulier les femmes et les personnes âgées, et chez les femmes, surtout vers celles ayant des enfants à charge.

La famille n'est plus un fondement de nos sociétés
Le couple en lui-même n'est pas une famille. Il est inutile de se marier pour vivre en couple ou avoir des enfants.
Outre une soumission aux conventions conformistes réactionnaires au service de l'ordre moral et de la police des mœurs, le mariage est souvent un mode débrouillard permettant de réduire des charges fiscales et souvent aussi une forme d'exploitation et de prostitution légale des femmes, mari client unique, femme achetée.
Un tiers des mariages se défait au bout de sept ans entraînant des combinaisons de parentés recomposées ou monoparentales où, dans 95 % des cas, ce sont des femmes qui élèvent les enfants.

La société n'a pas à reconnaître le mariage
Au nom de l'égalité, l'État n'a pas à discriminer les célibataires, les couples en union libre et les pacsés par rapport aux mariés. La société n'a pas à accorder des avantages fiscaux aux mariés qui partagent des charges que les célibataires supportent seuls. Les avantages fiscaux consentis aux personnes mariées constituent une ségrégation, une injustice vis-à-vis des personnes seules.

Le PACS et un Contrat de parenté suffisent
Le Pacte Civil de Solidarité doit pouvoir être élargi à plusieurs personnes. Une petite communauté ou une famille élargie doivent pouvoir mettre en commun leurs ressources et pérenniser ensemble leur avenir autant que deux personnes. Le Contrat de parenté règlera les problèmes de filiations, de responsabilité parentale et de successions. Contrats suffisants

pour gérer les rapports entre individus et les rapports de parenté. L'État libertaire n'a pas à se mêler des rapports amoureux ou de couple qui ne concernent que les intéressés. Le mariage est une affaire privée et doit le rester. D'autant que la gestion des mariages coûte cher à la collectivité, et celle des divorces, cher aux époux. Que des religions ou autres groupes célèbrent des unions ou mariages de toute sorte relève de leur liberté mais ne doit avoir, au nom de la laïcité, aucune valeur ou incidence civile, juridique, ou fiscale.

Le mariage est un asservissement social et politique
Dans l'histoire de l'humanité, le mariage a servi à aliéner les femmes et à les exploiter sexuellement et dans leur force de travail comme prostituées de fait, comme femmes de ménage, comme gardiennes du foyer, voire gardiennes des ascendants et descendants, et comme éleveuses d'enfants, voire d'animaux et de plantes, à la maison. Naguère encore, elles perdaient leur nom pour le macho et devait obtenir l'autorisation du bonhomme pour travailler ou détenir un carnet de chèque.
Aujourd'hui, les partisanes de la servitude volontaire qui consentent à se maquer de cette façon ont un meilleur sort car les droits des femmes ont progressé partout dans ce monde grâce aux révoltes féministes et libertaires, hostiles au mariage, de 1968 et des années 1970 en particulier.
Mais en se mariant, le plus souvent aujourd'hui encore, les femmes signent de fait pour un contrat de travail au foyer à durée indéterminée et à salaire aléatoire, qui dépend de la situation sociale du mari, pour un droit de cuissage idem, pour un cocufiage quasi certain, pour un frein à leur émancipation professionnelle, pour un double travail lorsqu'arrivent les enfants et pour pire lorsqu'elles sont quittées et doivent élever seules ces enfants. Dans une minorité des cas, le mariage est plus équilibré mais rarement à l'avantage de la femme.
Au nom de la liberté, les Esprits Libres dénoncent le mariage en tant qu'institution de servitude.

Le mariage pour tous est une affaire de dupes
Cela dit, dans la mesure où, hélas, le mariage, institution réactionnaire, est encore reconnu et accorde des avantages, il est logique et amusant de l'ouvrir, au nom de l'égalité et sans

discrimination, aux couples homosexuels. Mais nous pataugeons là dans la misère sociale et politique.

L'avantage de cette ouverture aux couples homosexuels réside en ce qu'elle ridiculise définitivement cette institution inique et condamnable et fait enrager les religieux et la droite intégristes qui se dévoilent homophobes.

Pour l'homosexualité, pratique singulière hors norme, il est bien triste et dommage de se retrouver dans cette voie de garage droitière. Comme pour les hétérosexuels, se marier pour un couple homosexuel, c'est se normaliser et capituler devant la convenance sociale. Heureusement pour ces égarés, il reste le divorce mais qui prend du temps et de l'argent.

Pour les homosexuels comme pour les hétérosexuels, il ne faut pas s'aimer pour se marier, ne pas s'aimer soi-même, ne pas aimer l'autre, ne pas aimer les autres. Et ne respecter personne.

Au nom de la liberté, de l'égalité et de la fraternité, les Esprits Libres ne reconnaissent pas le mariage civil.

La non-demande en mariage

Ma mie de grâce ne mettons
Pas sous la gorge à Cupidon
Sa propre flèche
Tant d'amoureux l'ont essayé
Qui, de leur bonheur, ont payé
Ce sacrilège
J'ai l'honneur de ne pas te demander ta main
Ne gravons pas nos noms au bas d'un parchemin

Laissons le champ libre à l'oiseau
Nous serons tous les deux prisonniers sur parole
Au diable les maîtresses queux
Qui attachent les cœurs aux queues
Des casseroles
J'ai l'honneur de ne pas te demander ta main
Ne gravons pas nos noms au bas d'un parchemin

*Vénus se fait vielle souvent
Elle perd son latin devant
La lèchefrite
A aucun prix, moi je ne veux
Effeuiller dans le pot-au-feu
La marguerite
J'ai l'honneur de ne pas te demander ta main
Ne gravons pas nos noms au bas d'un parchemin*

*On leur ôte bien des attraits
En dévoilant trop les secrets
De Mélusine
L'encre des billets doux pâlit
Vite entre les feuillets des livres de cuisine
J'ai l'honneur de ne pas te demander ta main
Ne gravons pas nos noms au bas d'un parchemin*

*Il peut sembler de tout repos
De mettre à l'ombre, au fond d'un pot
De confiture
La jolie pomme défendue
Mais elle est cuite, elle a perdu
Son goût nature
J'ai l'honneur de ne pas te demander ta main
Ne gravons pas nos noms au bas d'un parchemin*

*De servante n'ai pas besoin
Et du ménage et de ses soins
Je te dispense
Qu'en éternelle fiancé
A la dame de mes pensées
Toujours je pense
J'ai l'honneur de ne pas te demander ta main
Ne gravons pas nos noms au bas d'un parchemin*

Georges Brassens

_____

7   Laïcité, ôtons le voile

La religion est cléricale dans son essence, la République impose qu'elle soit non cléricale dans son existence
Dans leur quasi-totalité, les religions, dans la politique, dans l'organisation de la cité, sont intrinsèquement, dans leur essence, incompatibles avec la démocratie et la République puisqu'elles considèrent une loi dite divine au-dessus de la loi des hommes vus comme de simples créatures dudit créateur. Gouverner au nom, ou selon le désir, dudit Dieu, c'est retourner au Moyen Âge. Historiquement, plus à l'aise avec les dictatures, les religions se placent, le plus souvent, du côté de l'oppression et des régimes anti-républicains. Cependant, les religions, si elles ne contrôlent pas le pouvoir politique, sont bien souvent obligées de faire des concessions et de s'accommoder plus ou moins de la République et de sa loi civile.
Il y a de braves gens pacifiques chez les marxistes comme il y a des Lénine, des Staline, des Castro et des Kim Il Sung. Idem pour les religions, où l'on retrouvera dans la même confession catholique, un abbé Pierre, des milliers d'ecclésiastiques pédophiles et des intégristes de tout acabit. L'islam est au même rang et on lira dans le Coran des injonctions à tuer les impies. On trouve tout, à tuer et à aimer dans les textes de Marx, dans la Bible ou le Coran et on peut leur faire dire n'importe quoi. Citoyens, nous n'avons pas à être les exégètes de telle ou telle confession pour délivrer des certificats de compatibilité avec la République. C'est là affaire des croyants. Citoyens c'est la République et sa constitution, ses lois et ses pratiques, le bien public commun qui nous intéressent.
Notre laïcité place la loi commune, au-dessus de toutes autres considérations ou lois même prétendues divines par tel ou tel.
La balle est alors dans le camp, collectivement des représentants des églises, s'il en est, et individuellement de chaque pratiquant. La loi commune a-t-elle force de loi sur les considérations religieuses ? Si oui, j'accepte la laïcité sinon je la combats.
Il s'agit de pas confondre islam et islamisme, mais affirmer que l'islam n'a rien à voir avec l'islamisme, équivaut à affirmer que le catholicisme n'a rien à voir avec Callas, le chevalier de La Barre, la terre plate, les croisades, l'inquisition et la torture, la Saint-

Barthélemy, la condamnation du darwinisme, la pédophilie dans l'église, l'antiféminisme, les chasses aux sorcières, la complicité avec la plupart des dictatures, l'homophobie, les anti-avortement, les anti-contraception, l'intégrisme, etc.

La religion n'a rien de sacré pour la République
La société française, est séparée du religieux depuis loi de 1905. La République respecte les religions en les tolérant dans la mesure où elles ne sont pas cléricales et ne viennent pas piétiner sur les affaires publiques.

Les églises, la catholique en particulier, se sont distinguées et se distinguent encore sur certains sujets par leur volonté de dénoncer et de s'opposer à la sexualité libre, à l'union libre, à certains mariages, au divorce, à l'égalité des sexes, au droit des femmes, au droit à disposer de son corps, à l'homosexualité, aux personnes transgenres, à la contraception, à l'avortement, à la volonté de mettre fin dignement à sa vie, à la séparation des églises et de l'État…
La volonté de l'islamisme radical d'interdire le divorce, d'autoriser la polygamie, de considérer la femme inférieure à l'homme, d'enfermer les femmes sous des linceuls noirs, de leur imposer un voile, de refuser à la femme d'épouser l'homme de son choix, de lui imposer d'épouser celui que sa famille a choisi, de maltraiter les animaux par rituel, de mutiler des mineurs par la circoncision ou l'excision, de permettre à un « Conseil européen de la fatwa de la recherche » de décréter des fatwas à appliquer en France, est incompatible avec notre République. Ce n'est bon que pour les dictatures qui s'appuient sur les religions pour opprimer les peuples et les femmes en particulier en les maintenant dans l'ignorance et la pauvreté.
La volonté islamique d'instaurer la charia, profondément fasciste, barbare, odieuse, sexiste, rétrograde, discriminante et antidémocratique est une énième attaque contre notre République qui en a vu bien d'autres. Dénoncer et condamner cette charia abjecte, système absurde et archaïque d'il y a quatorze siècles, par la caricature comme par tous les autres moyens est un acte de salubrité publique démocratique salutaire.

Les islamo-fascistes prônant la charia prétendent agir au nom du prophète ou de Dieu. Cette religiosité est incompatible avec la liberté, avec la laïcité, avec les droits de la femme et de l'homme, avec l'humanité, avec la République.
La caricature, tradition ancienne et art prisé en France, est une institution étendard de la liberté d'expression. Les églises en sont souvent sa cible en particulier lorsqu'elles s'avèrent cléricales se mêlant de la chose publique et c'est justice.
Charia ou pas, la volonté de se moquer des religions en les caricaturant ou par d'autres moyens peut par ailleurs froisser les religieux, comme le sont les athées devant ce qu'ils considèrent comme des croyances sans fondements ou superstitions, mais fait partie intégrante des valeurs de liberté et de laïcité de la République. Aucune loi ne punit le blasphème et il est permis de brûler un Coran, de caricaturer et de se moquer d'un prophète ou d'un Dieu. C'est ainsi, c'est la loi de la République et elle s'impose à tous.

La République est anticléricale dans son essence et dans son existence
La laïcité n'est pas l'égal traitement de toutes les religions, c'est l'égal traitement de tous les citoyens, agnostiques, athées ou croyants, de toutes les croyances et convictions, y compris areligieuses, comme le déisme, la libre pensée, l'athéisme et l'agnosticisme.
La laïcité n'est pas, dans son essence, hostile aux religions puisqu'elle en garantit leur liberté mais elle est hostile à tout privilège public d'une religion. La laïcité consiste à ne pas donner plus aux croyants qu'aux autres, à émanciper la puissance publique de tout privilège des religions. Le cléricalisme étant la tendance favorable à l'intervention du clergé dans les affaires publiques, la République est anticléricale et les religions doivent la rejoindre en se gardant de tout cléricalisme.
Si la *res publica* est la chose commune à tous, la religion n'appartient qu'à certains et ses principes ne s'appliquent qu'à ses ouailles qui veulent bien y consentir et non à la République.
Le financement public des cultes, écoles privées, aumôneries catholiques, processions religieuses, crèches dans des édifices publics, est contraire à la laïcité en ce qu'ils communautarisent l'argent public. L'argent public doit aller à l'enseignement public

et laïc. Les écoles privées, financées sur fonds publics, forment une discrimination anti-laïque et les lois Debré et autres lois anti-laïques doivent être abolies.

Le Concordat d'Alsace, Bas-Rhin, Haut-Rhin, Moselle, qui finance prêtres, rabbins et pasteurs sur les fonds publics, est la négation même de la laïcité doublée d'une provocation raciste, anti-laïque et discriminatoire puisqu'il ne s'applique pas à l'islam. Guyane et Mayotte sont également hors laïcité. Laïcité, dévoyée à l'avantage des religions et en particulier de la catholique, raciste et discriminatoire quand le culte musulman n'a pas les mêmes faveurs que les autres religions. Les faux-jetons de la laïcité du Rassemblement National et de Riposte Laïque, catho-laïcistes, ne veulent pas abroger les privilèges des catholiques et par là des autres religions et stigmatisant l'islam ne veulent pas accorder aux musulmans les privilèges accordés aux catholiques. Le R-Haine travestit le racisme anti-arabe et antimusulman en fausse laïcité qui sert de masque et de brevet républicains. Laïcité en apparence, racisme au service de l'intégrisme catholique en réalité.

R-Haine qui se retrouve dans les cortèges des manifestations intégristes et homophobes, main dans la main, le cas échéant bras tendu ou crâne rasé, avec les plus intégristes des catholiques dont Civitas. Cette véritable lie de la société, composé d'anti-républicains, contre-révolutionnaires, néo-fascistes, nationaux-socialistes, se retrouve dans les commandos intégristes à vouloir interdire « La dernière tentation du christ » de Martin Scorcèse, dans les commandos anti-IVG, à réclamer la peine de mort.

Il ne s'agit en aucun cas d'étendre le Concordat infâme pour en faire bénéficier les imams mais il s'agit de l'abolir pour en finir avec ce privilège d'Ancien Régime.

Le dévoiement de la laïcité par le financement de lieux de culte se cache sous couvert de lieux culturels, cache-sexe de lieux de culte. À Paris, 800 000 euros vont ainsi à l'Institut des cultures de l'islam incluant un lieu de prière.

Le financement des cultes se cache sous couvert des baux emphytéotiques avantageux voire gratuits et au titre de l'entretien des monuments historiques comme églises et cathédrales. On observe le financement par de l'argent public dans la construction des cathédrales catholiques, des temples évangéliques, des mosquées et des structures religieuses juives. La laïcité doit être de plein exercice. Si un édifice appartient à l'État, il est public et c'est l'État qui l'entretient et l'affecte avec un statut de salles municipales, de musées, de salles de concert, etc., pouvant aussi être prêté aux cultes. Si un édifice appartient à une religion, l'État se retire de son entretien et le financement privé de ce lieu et de son entretien appartient aux seuls croyants. Les anti-laïcs qui nous gouvernent congestionnent le calendrier républicain voué à leurs saints et à leurs fêtes confessionnelles, Pentecôte, Pâques, Assomption, 15 août. La République doit reprendre ses droits calendaires. Les saint Théodule et saint Laurent deviendront fête Théodule et fête Laurent sans référence religieuse. Quatre fêtes, de la liberté, de l'égalité, de la fraternité et de la laïcité marquant le passage des saisons remplaceraient avantageusement les fêtes religieuses.

Une spiritualité laïque et civile
La République n'a pas de leçon de spiritualité à recevoir des églises et religions. L'engagement des Esprits Libres se fonde sur une spiritualité civile et laïque, sur la primauté de l'être et de son existence dans la cité. Cette spiritualité commune est neutre vis-à-vis des convictions de chacun. Elle garantit à chacun sa libre expression et son droit de rire de tout dans le cadre du respect des lois. Cette orientation laïque reprend largement la sagesse et la pertinence d'Henri Pena-Ruiz que l'on lira pour mieux poursuivre le combat laïc :« *Dieu et Marianne : philosophie de la laïcité* » Éd. PUF, « *Dictionnaire amoureux de la laïcité* » Éd. Plon.

L'engagement républicain laïc et concret
L'égalité femmes hommes est généralisée et ne peut être publiquement remise en cause. L'Assemblée nationale est paritaire comme toutes les assemblées élues. La présidence arbitrale de la République est assumée en alternance. L'égalité des droits et l'égalité salariale sont garanties. Les femmes ayant atteint la majorité sexuelle peuvent avoir des relations sexuelles hors mariage avec qui elles l'entendent et sans limite concernant les appartenances religieuses, croyances ou non croyances. Idem pour les cohabitations, pacs, mariage et autres domaines.

Interdiction et pénalisation sévère des agressions morales et physiques que sont l'injonction à la virginité, les mariages forcés, la polygamie, les certificats de virginité, les réfections d'hymen, 1500 € l'acte, et les draps ensanglantés de nuit de noce.
Ces violences dominent en particulier chez les jeunes musulmans sous prétexte de « pureté » et de « préservation ».
Les cafés refusant les femmes sont amendés et fermés.
Toute allusion à l'infériorité d'un sexe ou des trans est interdite sur le territoire de la République. Les personnes transgenres sont reconnues comme telles et ne doivent subir aucune discrimination. Idem pour l'homosexualité pleinement acceptée.

L'argent public réservé à l'école publique
L'État doit cesser de financer les cultes
Les cultes, lieux de culte, lieux d'enseignement, personnel et activités cultuelles et culturelles de ces cultes ne bénéficient d'aucun financement ni avantages de l'État et des collectivités locales. Le Concordat est aboli en Alsace-Moselle. Le président de la République cesse d'être chanoine de Latran ou d'assister dans ses fonctions de président à des offices religieux. Aucun financement étranger pour les religions n'est accepté.

Coût des cultes en France :
OFFICIELLEMENT : Le régime français des cultes ne connaît aucune forme de subventionnement public, en application du principe de séparation posé par la loi de 1905.
RÉELLEMENT : L'Etat ou les collectivités locales financent les cultes à hauteur d'environ 800 millions € par an :
Entretien des lieux de culte d'avant 1905, logement des ministres du culte, réparation d'édifices cultuels privés, baux emphytéotiques pour des terrains, avantages fiscaux pour les dons aux associations cultuelles catholiques, exonération d'impôt foncier, de droits d'enregistrement pour les dons et legs aux associations cultuelles et congrégations, exonérations fiscales d'activités commerciales d'associations cultuelles, transferts sociaux, assurances maladie et vieillesse des ministres du culte, financement des aumôneries d'enseignement public des armées et des prisons, financement des cultes en Alsace Moselle, en Guyane et dans les DOM TOM.

Le Concordat d'Alsace-Moselle
Le Concordat est signé en 1801 par Napoléon et Pie VII. Depuis le salaire des clercs relèvent du budget de l'État au niveau national et les contribuables de toute la France paient salaires, pensions et protection sociale des ministres des cultes concordataires. Coût global : 58 millions d'€ au bas mot.
Catholiques : traitements bruts mensuels. Dix grades environ, de l'Évêque : 4 423 € à l'aumônier : 2 592 €.
Protestants : Dix grades environ, du Président du Directoire : 2 884 €, au secrétaire 2 379 €.
Israélites : Du Grand rabbin : 2 731 € à l'aumônier : 2 592 €.

Ces traitements sont quasi nets et les ministres du culte bénéficient en outre du logement gratuit ou d'une indemnité de logement payée par la commune et d'un régime de protection sociale privilégié avec moins de 4 % de cotisation d'assurance maladie. S'ajoutons d'autres avantages : voiture avec chauffeur pour l'Évêque, frais de réception, indemnités de desserte des paroisses et cours de religion, surtout catholiques dans les établissements publics, obligatoires, sauf demande de dispense faite par les parents payés par l'État. Le curé peut aussi être aumônier dans les établissements publics.

Rappelons pour comparer les traitements mensuels des enseignants dans la fonction publique d'État : Agrégé, net : 3 206 €. Certifié, selon échelon, net : 1 362 € à 2 569 €.

Laïcité, cléricalisme ou cléricalisme ET racisme ?
Choisir la laïcité c'est naturellement dénoncer ce financement antirépublicain considérable des cultes, dénoncer le Concordat, refuser le cléricalisme bigot.

En Alsace-Moselle se pose en outre la question du culte musulman non financé alors que ses ouailles sont plus nombreuses que les cultes protestant et israélite. Les partisans du statu quo pare leur cléricalisme anti-laïques d'un racisme avéré. Que les gauches bigotes, les centres « démocrates chrétiens (!) », les droites, les droites extrêmes et les extrêmes droites nous disent s'ils prêchent pour le cléricalisme seulement ou pour le variant cléricalisme raciste. Nous choisissons la laïcité et les économies.

Ôtons le voile, avançons à visage découvert, ne nous voilons pas la face

Le port du voile est le signe ostentatoire d'une compréhension rétrograde, obscurantiste et sexiste du Coran. Le voile assigne les femmes à l'identité de subordonnées au désir supposé des hommes et stigmatise leur présence dans l'espace public.

Le sexisme et la diabolisation du corps des femmes sont contraires aux idéaux de la République comme à ceux des musulmans républicains modérés.

Le voile n'est que secondairement spiritualité, tradition culturelle et pudeur. Il est surtout l'étendard des islamistes misogynes et sexoséparatistes organisant de véritables campagnes d'hidjabisation forcée, arme de l'islamisation du monde.

La pression sur les femmes qui ne veulent pas le porter est terrible et le présenter comme un choix personnel est une tartufferie antirépublicaine. Le port du voile s'accompagne souvent de fantasmes islamo-fascistes de la pureté, de l'obligation de la virginité et de l'hyménoplastie, opération chirurgicale consistant à recoudre l'hymen.

En Tunisie les autorités religieuses ont émis une fatwa en 2007 autorisant l'hyménoplastie. *« Les médecins estiment à seulement 5 % les filles tunisiennes qui ne se préoccupent pas de la question de la virginité avant le mariage, 20 % seraient des vraies vierges et plus des trois-quarts seraient des « vierges médicalement assistées »* écrit une psychanalyste.

Haine misogyne envers les « mécréants » imposant aux femmes de vivre avec un musulman. Mis à part en Tunisie, dans les pays musulmans, une femme liée à un non musulman est apostat ayant quitté sa religion et punie, peine de mort incluse au Soudan. Le mariage consommé est nul, les enfants illégitimes et l'époux ne peuvent hériter.

En Iran, l'avocate Nasrin Sotoudeh, militante des droits humains, prix Sakharov décerné par le Parlement européen en 2012, est fouettée et condamnée à la prison pour des dizaines d'années pour s'être présentée sans voile islamique dans l'espace public.

Le voile ne saurait être un impératif religieux car l'Islam réprouve le fétichisme et, contrairement au Ramadan ou aux prières, il ne relève pas du culte. Voile qui ne fait pas l'unanimité des musulmans et divise les sunnites.

Les intégristes veulent faire tomber la République laïque et établir la charia et le patriarcat. Les prédicateurs islamistes obsédés par le corps des femmes instrumentent à cette fin le port du voile. Soutenons les femmes de culture musulmane qui se battent pour leur émancipation.

« *La religiosité des masses ne disparaîtra complètement qu'avec la société actuelle, quand l'homme, au lieu d'être dominé par le procès social, le dominera et le dirigera consciemment.* » Rosa Luxemburg 1902.

La République ne cède rien, la main ne doit pas trembler
En étant la République sociale et citoyenne sauvegardant les services publics et le tissu social afin de combattre le communautarisme. En établissant l'égalité économique et citoyenne par l'éradication de la pauvreté, par le Revenu Citoyen, en moralisant l'économie par la légalisation contrôlée, en supprimant le chômage par la formation et la réduction et le partage du travail.

La République est bonne fille mais face au port du voile, signe d'infériorisation et d'oppression des femmes, ce n'est pas aux hommes que l'on demande de se voiler, de soumission, voire de servitude volontaire pour celles qui le revendiquent, et par solidarité à toutes celles qui dans le monde ne peuvent s'en libérer, nous ne pouvons le cautionner et nous soutenons les valeurs de la République et de l'humanité dont l'émancipation des femmes est un axe essentiel.

Toute pression exercée sur les femmes pour leur imposer le voile sera amendable.

Afin de préserver les libertés son port restera toléré dans l'espace public, mais ,lorsque celles qui le portent ont recours aux services publics de la République, celle-ci exige que l'on ne la nargue pas, elle exige d'enlever ce voile instrumenté par les extrémistes islamistes.

L'enlèvement de toute coiffe et voile doit être exigé à l'intérieur de toutes les administrations pouvant nécessiter des actes administratifs comportant la présentation d'une pièce d'identité :

poste, commissariat, mairie, services administratifs, contrôles de police, lieux et activités scolaires et universitaires. Idem pour les banques et opérations financières. Idem pour les photos d'identité, passeport, titre de transport, etc.
Tout commerce indépendant reste libre d'accepter ou de refuser coiffes ou voiles.
À la condition expresse qu'il devienne discret et cesse d'être une arme politique visant à déstabiliser la République, le voile, comme toutes coiffes, reste toléré dans les transports publics comme il l'est dans l'espace public.
Les processions et manifestations religieuses ne doivent pas être autorisées dans l'espace public.
Les religions s'abstiennent de prises de positions politiques.
Wallabisme, salafisme et prêches contraires aux principes républicains laïques et leurs lieux de culte sont interdits.
L'apostasie, est un droit absolu et nul ne peut être menacé ou inquiété pour sa renonciation à sa foi religieuse ou pour sa conversion à une autre religion.
Le droit à la caricature est reconnu et le délit de blasphème n'existe pas dans la République.
Toute dénonciation des « mécréants », des « apostats », des homosexuels et de l'homosexualité sont prohibées et amendées.
L'abattage rituel des animaux est prohibé et les produits de ces abattages non commercialisés sur le territoire de la République.
L'excision et la circoncision des enfants et l'hyménoplastie, opération chirurgicale consistant à recoudre l'hymen des femmes, doivent être prohibées sur le territoire de la République. Interdit également de les pratiquer ou de les favoriser à l'étranger sur des enfants français.
Pas de signes religieux à l'école contrairement à ce qu'avance la candidate d'extrême droite : « *La petite croix, la petite kippa et la petite main de fatma doivent être autorisées à l'école* ».
Pas d'accommodements sur les repas scolaires, les horaires, les tenues et la mixité des piscines et les consultations de médecins hommes dans les hôpitaux.

Laïcité et libertés
Lorsqu'il y a blasphème, quand la religion n'est pas séparée de l'État, les libertés, surtout celles des femmes, des libres penseurs, des minorités et des journalistes disparaissent.

La laïcité, consubstantielle de notre socle de libertés et de notre identité républicaine, pierre angulaire du système des libertés publiques, rend effectives la liberté d'expression incluant le droit à la caricature, l'absence de délit de blasphème, l'émancipation par l'instruction, la liberté de mourir dans la dignité, la liberté à disposer de son corps, les libertés sexuelles, la neutralité de la sphère publique, l'égalité des droits, la séparation des religions et de l'État.
Principe de laïcité, condition de l'intégration républicaine, source de l'émancipation intellectuelle et de l'émancipation sociale.

———————————————

Proximités

ÉPICURE Désir, conception du monde, bien vivre.

Baruch SPINOZA   Être, désirs, affects, ni matérialisme, ni idéalisme.

Nicolas MACHIAVEL, Alexis de TOCQUEVILLE Politique, démocratie, art de gouverner.

Étienne de LA BOÉTIE Théorie de la servitude volontaire.

Libertins du XVIIIème, socialistes utopiques et libertaires.

Olympe de GOUGES, CONDORCET, Denis DIDEROT Féminisme, girondisme, libertinage.

Friedrich NIETZSCHE Vitalisme, esprit libre.

Paul LAFARGUE Rapport au travail, droit à la paresse.

Henri BERGSON Vitalisme, durée, esprit.

Jean-Paul SARTRE Existentialisme, liberté, engagement.

Albert CAMUS, Hannah ARENDT Existentialisme, lutte contre le totalitarisme.

Pierre MENDÈS FRANCE   Opposition au système de 5ème République. Art de gouverner.

André GORZ Écosocialisme, Revenu Citoyen.

Marcel CONCHE Naturalisme.

Daniel COHN BENDIT Lucidité, écologie.

Thomas PICKETTI Économie, Europe.

Dominique ROUSSEAU Démocratie continue non référendaire.

Raoul VANEIGEM Pensée libertaire.

Les Salons des Esprits Libres, S.E.L.

MOUVEMENT CULTUREL

Depuis douze ans, le Salon des Esprits Libres s'inscrit dans la tradition des salons des Lumières du XVIIIème siècle. Salon des arts et de la culture, d'art vécu, d'art politique et de singularité. Existence considérée comme une œuvre d'art ouvrant des espaces libres existentiels et citoyens. Pas de public mais des participants venant vivre et faire vivre une situation par leurs apports singuliers.

Nous vous convions à l'initiative culturelle en reprenant cette tradition prérévolutionnaire des fructueux salons.

Développons les S.E.L., Salons des Esprits Libres, pour des échanges de créativités, d'idées et de réflexion.

Quelques **Salons des Esprits Libres, S.E.L.**

2010 Avril SEL fondateur / SEL art libre échange, avec l'écrivain Pierre Sebag / SEL littéraire / Juin SEL art postal / SEL le désir, avec Ovidie

2011 Janvier SEL la langue / Octobre SEL vernissage exposition, avec le sculpteur peintre Patrick Hourquet
Novembre SEL mise en pièces

2012 Avril SEL Rose, Éros, Oser, hommage à Pierre Molinier
Décembre SEL Ready made

2013 Avril SEL collections / Octobre SEL ouvre art en tête, Exposition, avec le peintre Bernard Ouvrard

2014 Avril SEL humour politique, libre esprit

2015 Mai SEL singularités / Septembre SEL signe de vie

2016 Avril SEL voyage au bout des deux nuits

2017 Mai cueillir le jour / Mai SEL ombres et lumière
Novembre SEL battements d'elle

2018 Mai SEL désirs, mai 68 mais sois sans tweet, Spinoza
Novembre SEL spiritualité laïque

2019 Mai SEL ambiguïtés, contradictions, dialectique
Novembre SEL à quoi je pense ?

2022 Mai SEL

Soyons des Esprits Libres
MOUVEMENT POLITIQUE
―――――――――

Chères lectrices, chers lecteurs,
Chères amies, chers amis,

Utilisons ce livre pour nous délivrer et connaître la joie de l'âme qu'est l'action.
Rassemblons les Esprits Libres et édifions cette 6ème République du Bien Vivre.

Je vous y convie. Librement et amicalement.

Jean-Pierre Roche

―――――――――

Organisons-nous autour du site des Esprits Libres
Abonnez-vous, à la lettre d'information

lesespritslibres.org

Rejoignez nos réseaux sociaux :
Instagram : **https://www.instagram.com/salonespritlibre/**
Facebook : **https://www.facebook.com/lesespritslibresfrance**

Adhérez aux Esprits Libres
Revenus / Cotisation : jusqu'à 1000€ : 10€, entre 1000 et 2000€ : 20€, entre 2000 et 3000€ : 30€, etc.
Chèques à : *Les Esprits Libres*.

Rejoignez nos comités, nos cafés citoyens et nos SEL.
Soutenez les travaux du Conseil National des Esprits Libres.
Soyez candidats Esprits Libres aux législatives.

Lisez, commandez, diffusez, offrez ce livre.

Ecrivez-nous : salonespritlibre@gmail.com
Les Esprits Libres, 23 rue Saint Laurent, 33000 Bordeaux

―――――――――

Sommaire

LES ESPRITS LIBRES

- Anagramme -	La vérité relative	p. 4
- Préface -	Invitation au voyage	p. 5
	Que faire et comment ?	

1 6ème RÉPUBLIQUE

1	De la démocratie vivante	p.14
2	5ème République, monarchie présidentialiste	p.19
3	Supprimons l'élection présidentielle	p.23
4	Scrutin mixte paritaire proportionnel à correctif majoritaire	p.27
5	Votes blancs représentés	p.33
6	Lettre ouverte	p.36
7	Conseils citoyens tirés au sort	p.39
8	Financement égalitaire, médias indépendants	p.45
9	Contre le mandat impératif et la révocation des élus	p.48
10	Contre les référendums et la république référendaire	p.49
11	Parité, quel féminisme ?	p.52
12	Fédéralisme et souverainisme européens	p.56
13	Simplification administrative fédéraliste girondine	p.66
14	Leurre de la démocratie participative	p.68
15	Pour la démocratie délibérative	p.71
16	Avec Anticor	p.73
17	Se défier de l'opinion majoritaire	p.76
18	Résumé de nos propositions institutionnelles	p.81

2 REVENU CITOYEN

1	Philosophie du Revenu Citoyen	p.86
2	Démocratie vivante, politique et économique	p.90
3	Revenu Citoyen ou revenu de base ?	p.93

4	Éradiquer la misère	p.104
5	Fin de l'assistanat	p.106
6	Économie et société AVEC marché	p.108
7	Centralité de la créativité	p.114
8	Réduction et partage du travail	p.118
9	Fiscalité d'utilité publique	p.121
10	Financement et chiffres	p.131
11	Culture et santé prioritaires	p.135
12	Écosocialisme libéral-libertaire	p.139
13	Retraite égale pour tous	p.141
14	Avec André Gorz	p.144

3 LÉGALISATION CONTRÔLÉE, COMMUNS

1	Légalisation contrôlée, l'exemple du cannabis	p.146
2	Légalisation contrôlée de la prostitution	p.155
3	Décroissance économique et démographique	p.161
4	Légalisation contrôlée de l'immigration	p.163
5	Légalisations contrôlées et communs	p.170
6	Mariage non reconnu	p.181
7	Laïcité, ôtons le voile	p.185

Proximités	p.196
Les Salons des Esprits Libres, S.E.L.	p.197
Soyons des Esprits Libres	p.198
Sommaire	p.199

Du même auteur :

LIBERTINAGES
politiques et existentiels

Éros
Esprit libre, art vécu, art politique
L'existence comme une œuvre d'art

Février 2022

Structures éditoriales du groupe L'Harmattan

L'Harmattan Italie
Via degli Artisti, 15
10124 Torino
harmattan.italia@gmail.com

L'Harmattan Hongrie
Kossuth l. u. 14-16.
1053 Budapest
harmattan@harmattan.hu

L'Harmattan Sénégal
10 VDN en face Mermoz
BP 45034 Dakar-Fann
senharmattan@gmail.com

L'Harmattan Congo
67, boulevard Denis-Sassou-N'Guesso
BP 2874 Brazzaville
harmattan.congo@yahoo.fr

L'Harmattan Cameroun
TSINGA/FECAFOOT
BP 11486 Yaoundé
inkoukam@gmail.com

L'Harmattan Mali
ACI 2000 - Immeuble Mgr Jean Marie Cisse
Bureau 10
BP 145 Bamako-Mali
mali@harmattan.fr

L'Harmattan Burkina Faso
Achille Somé – tengnule@hotmail.fr

L'Harmattan Togo
Djidjole – Lomé
Maison Amela
face EPP BATOME
ddamela@aol.com

L'Harmattan Guinée
Almamya, rue KA 028 OKB Agency
BP 3470 Conakry
harmattanguinee@yahoo.fr

L'Harmattan Côte d'Ivoire
Résidence Karl – Cité des Arts
Abidjan-Cocody
03 BP 1588 Abidjan
espace_harmattan.ci@hotmail.fr

L'Harmattan RDC
185, avenue Nyangwe
Commune de Lingwala – Kinshasa
matangilamusadila@yahoo.fr

Nos librairies en France

Librairie internationale
16, rue des Écoles
75005 Paris
librairie.internationale@harmattan.fr
01 40 46 79 11
www.librairieharmattan.com

Librairie des savoirs
21, rue des Écoles
75005 Paris
librairie.sh@harmattan.fr
01 46 34 13 71
www.librairieharmattansh.com

Librairie Le Lucernaire
53, rue Notre-Dame-des-Champs
75006 Paris
librairie@lucernaire.fr
01 42 22 67 13